本书为作者主持的国家社会科学基金项目"新中国成立初期治腐方略的功效性研究"（批准号为 13BDJ007）的阶段性或中期成果

历史学者眼中的毛泽东小丛书

张海鹏 主编

毛泽东

与

反腐倡廉

王传利 著

中国社会科学出版社

图书在版编目（CIP）数据

毛泽东与反腐倡廉／王传利著.—北京：中国社会科学出版社，
2015.6（2023.9 重印）

（历史学者眼中的毛泽东小丛书／张海鹏主编）

ISBN 978 - 7 - 5161 - 5863 - 0

Ⅰ.①毛…　Ⅱ.①王…　Ⅲ.①毛泽东思想—廉政建设—研究
Ⅳ.①A841.64

中国版本图书馆 CIP 数据核字（2015）第 063970 号

出 版 人	赵剑英
责任编辑	郭沂纹
责任编辑	郭沂纹　安　芳　石志杭
责任校对	李小冰　张爱华
责任印制	李寡寡

出　　版	中国社会科学出版社
社　　址	北京鼓楼西大街甲 158 号
邮　　编	100720
网　　址	http://www.csspw.cn
发 行 部	010 - 84083685
门 市 部	010 - 84029450
经　　销	新华书店及其他书店

印　　刷	北京君升印刷有限公司
装　　订	廊坊市广阳区广增装订厂
版　　次	2015 年 6 月第 1 版
印　　次	2023 年 9 月第 2 次印刷

开　　本	710 × 1000　1/16
印　　张	10
插　　页	2
字　　数	146 千字
定　　价	35.00 元

凡购买中国社会科学出版社图书，如有质量问题请与本社联系调换
电话：010 - 84083683

总　　序

　　2013 年 12 月 26 日是毛泽东诞辰 120 周年。毛泽东去世也已 37 年。毛泽东作为中国近现代史上伟大的历史人物，已经进入任人评说的时候。在毛泽东的历史评价上，出现了两极分化。这种两极分化的历史评价，或多或少与他们对现实中国的认识有关，与他们对中国特色社会主义的价值体系的认识有关。这套小丛书拟定了大小适中的选题，约请历史学者，从中国近现代史研究出发，以历史学者的眼光来观察毛泽东，来评价毛泽东，希望给毛泽东这个伟大的历史人物一个符合历史的评价。这些历史学者基于历史事实的分析，希望给大众特别是青年读者以正确的引导。敬请读者不吝赐教。

　　毛泽东是中国近现代史上最伟大的、最杰出的历史人物。

　　20 世纪初以来，中国近代历史的第一次飞跃是由我国民主革命的先行者孙中山完成的。他举起资产阶级革命的旗帜，推翻了我国历史上最后一个封建王朝，辛亥革命开启了中国历史进步的新纪元。他的功绩是值得后人纪念的。

　　中国近代历史的第二次飞跃，是由毛泽东领导下的中国共产党人完成的。毛泽东不仅领导中国人民胜利地走完了新民主主义革命的全部历程，而且引领中国走上了社会主义的大道，为中国人民探索中国特色社会主义奠定了雄厚的基础。这一次的历史飞跃，比较第一次历史飞跃，历史意义更大，历史影响更加深远，是要永远彪炳史册的。

从 1849 年到 1949 年这一百年，是中国历史上最为惊天动地、惊世骇俗，变动最为剧烈的一百年。从 1949 年到 2049 年，是中华民族从衰弱走向复兴的一百年。这两个一百年，是要为今后的中国历史学家大书特书的。毛泽东正活动在这两个一百年的中间：1949 年前的半个世纪，他在剧烈变动的时代中是一个叱咤风云的人，是一个引领时代前进的人，他推动了历史的前进；在 1949 年后的 27 年中华民族复兴的途程中，他还是一个呼风唤雨的人，是一个引领时代前进的人，是一个动员了中国全体人民的人，虽然在行进中有些跌跌撞撞，他毕竟在探索中国前进的路。他是一个把毕生毫无保留地献给了中国人民的人！他是一个为国家走向富强工作到最后一息的人。我们的后人将会为中国的发展创下更为伟大的业绩，这是毫无疑问的，但是像毛泽东经历了那样剧烈的世纪变化、那样风雨兼程、那样天地开创的人，应该是前无古人，后鲜来者的！

今天，全体中国人在生活中所享受的物质条件都比他那个时代好，但是我们不要忘记，我们都在享受着他的劳绩带给我们的丰泽雨润。

1981 年 6 月，中共十一届六中全会通过了《关于建国以来党的若干历史问题的决议》，对毛泽东的历史地位和他对中国历史的独特贡献作出了科学的评价和总结。中国共产党的领导人邓小平、江泽民、胡锦涛、习近平等都对毛泽东的历史贡献作出了肯定的评价。这些肯定的评价反映了中国绝大多数人民的想法，是尊重历史事实的，是得到人民拥护的。

毛泽东不是圣人，不是神仙，他的一生当然也犯过错误，尤其是他的晚年，所犯错误尤其严重。平心而论，这些错误，不只是毛泽东个人的错误，是那一代人的共同错误，是时代的局限造成的。当然，毛泽东应该承担更多的责任。早日建成社会主义，早日过渡到共产主义，那一代中国人哪一个不是欢欣鼓舞呢？我是那个时代的过来人，是有切身体会的。虽然物质生活匮乏，可精神生活是昂扬的，对早日到达共产主义是有追求，是有向往的。但是这种急性病，距离社会现实太远，是不能实现的。这种急性病，带有列宁所批评的共产主义运动中"左派"幼稚病的某些迹象。社会的发展，社会主义的发展，有自己的规律，不能想当然去超越。通过后来的历史发展，我认识到了，体会到了。在一定意义上说，犯这种错误是难免的。这不是为毛泽东的错误开脱。中国共产党人摸索新民主主义革命的规律，从建党到中华人民共和国成立，花了 28 年。这 28 年就是一个历史的代价。从中华人民共和国成立到 1976 年"文化大革命"结束，毛泽东去世到十一届三中全会，也是 28 年，这也是一个历史的代价，这以后才可能召开中共十一届三中全会，才可能形成对建设中国特色社会主义的新认识。

历史人物难以避免时代的局限，这是任何时代的人不能回避的。毛泽东的过人之处就在于，他自己认识到这一点。

毛泽东说过我们不是圣人，难免犯错误。他在 1956 年总结苏联的教训时说："共产主义运动，从马克思、恩格斯发表《共产党宣言》算起，至今只有一百年多一点的历史。无产阶级专政的历史，从俄国十月革命算起，还不到四十年。实现共产主义，是空前伟大而又空前艰巨的事业。不艰巨就不能说伟大，因为很艰巨才很伟大。在这艰巨斗争的过程中，不犯错误是不可能的，因为我们走的是前无古人的道路。我历来是'难免论'。斯大林犯错误，是题中应有之义。赫鲁晓夫同样也要犯错误。苏联要犯错误，我们也要犯错误。问题在于共产党能够通过批评和自我批评克服自己的错误。" 1957 年他在省市自治区党委书记会议上讲话说："我们搞革命和建设，总难免要犯一些错误，这是历史经验证明了的。《再论无产阶级专政的历史经验》那篇文章，就是个大难免论。我们的同志谁愿意犯错误？错误都是后头才认识到的，开头都自以为是百分之百的马克思主义。当然，我们不要因为错误难免就觉得犯一点也不要紧。但是，还要承认工作中不犯错误确实是不可能的。问题是要犯得少一些，犯得小一些。"这里说的犯错误，既包括了因历史时代的局限可能犯的错误，也包括因认识不足和经验缺乏所犯的错误，还包括因个人原因犯的错误。重要的是，中国共产党能够通过自己的努力来克服错误。中国共产党已经总结了自己的历史，包括毛泽东领导国家时期的历史，克服了以往的错误，中国的事业又重新大踏步前进了。

毛泽东一生革命，一家人中出现了六位烈士。中华人民共和国成立以后，为了保家卫国，他像千千万万普通父母一样，把自己的儿子送到朝鲜战火的前线。他的儿子毛岸英未能幸免于美国军机的炸弹。毛泽东一生清廉，勤勉从公，没有为子女和亲属留下财产和权力。中华五千年文明史里，从古代的皇帝到民国时期的总统，哪一个能与他相比呢？哪一个能像他那样大公无私呢？毛泽东对国家的忠诚和贡献是无与伦比的。

毛泽东是中国近现代历史上最重要的伟大人物，是值得今天的中国人怀念的！无论他的成就或者失误，都将成为我们今后前进的借鉴和财富。

小丛书的写作，立足于历史事实，有史实根据，不收道听途说之论。文字通俗，力求深入浅出。基本观点，贯穿党的历史问题决议，遵守党的十八大精神。书中引语，都有根据，不妄加解释。

小丛书每本十几万字。共列出九本。下面是九本书及其作者。

《毛泽东的学风文风》周溯源、颜兵等（中国社会科学院）

《毛泽东的读书生活》周溯源、刘宇等（中国社会科学院）

《毛泽东与青年》郝幸艳（中国社会科学院）

《毛泽东与人民》龚云（中国社会科学院）

《毛泽东的民族精神》刘书林（清华大学）

《毛泽东与反腐倡廉》王传利（清华大学）

《毛泽东对中国社会主义道路的探索》仝华等（北京大学）

《毛泽东与新中国政治制度的建立》高中华（中共中央党校）

《雄才伟略毛泽东》张海鹏、高中华（中国社会科学院、中共中央党校）

张海鹏

2013 年 10 月 1 日

目　　录

一

居安思危,防微杜渐

毛泽东反腐败的一个重要特点是居安思危,当腐败现象出现苗头时,强力压制,穷追猛打,绝不手软。

(一)进城赶考,整党整风

必须承认,新中国成立初期,中国共产党领导的各级人民政府中的绝大多数工作人员,大都过着清苦的生活,兢兢业业地为人民服务。在党内,有成千上万久经考验的坚强干部,有成千上万联系着人民群众的优秀党员。

正因如此,中国共产党赢得了全国人民的衷心拥护和信任,1949年获得了执政党地位。在当时的中国共产党看来,如何克服执政状态下的腐败现象,长久保持执政党地位,是一个新的考验。共产党以对人民和民族高度负责的精神,丝毫不隐瞒党内的不良作风,防微杜渐,谦虚谨慎,发现党内腐化的苗头,立即毫不客气地大造声势,大张旗鼓地动员反腐败。在党员干部中出现腐化现象并不可怕,关键是出现腐化苗头立即给予严厉打击,体现了共产党疾恶如仇,对人民高度负责的态度。

新中国成立前，有民主人士表达了一种担忧，担心中国共产党跳不出政权兴亡的周期率。其实，中国共产党早已意料到新中国成立初期将要生成的腐败高频势态。毛泽东在 1949 年七届二中全会上的讲话中，已经对入城后即将出现的党员干部腐化问题有所警惕，提出一些干部在枪林弹雨中不愧是英雄的称号，但经不住资产阶级的糖衣炮弹的袭击等著名论点。① 毛泽东将进城执政比作进城赶考。中国共产党第一代中央领导集体的其他成员，对此也有清醒的认识。1948 年 12 月，刘少奇在对中央马列学院第一班学员的讲话中，也十分警惕中国共产党执政以后可能出现的腐败现象："得了天下，要能守住，不容易。很多人担心，我们未得天下时艰苦奋斗，得天下后可能同国民党一样腐化。他们这种担心有点理由。在中国这个落后的农业国家，一个村长，一个县委书记，可以称王称霸。胜利后，一定会有些人腐化、官僚化。""我们打倒蒋介石，打倒旧政权后，要领导全国人民组织国家。如果搞不好，别人也能推翻我们的。""堕落的人会很多，会使革命失败。"②

中共中央高层是清醒的，也是实事求是的。

入城不久，中共北京市委对干部、党员贪污腐化和违反政策的情形做了一次较普遍的检查。1950 年 4 月 24 日北京市提交了《关于干部党员贪污腐化和违反政策的情形向中央、华北局的报告》，中央纪律检查委员会 1950 年 5 月 5 日作出批示。报告指出：进城一年来我党干部党员违反政策和贪污腐化的情形是十分严重的。总计入城以来，违反党的政策纪律，违反政府法律者已达 182 人之多（过半数已处理过），情形甚为严重。有强迫命令的；有盗卖公家财物的；有假公济私、套购公粮贪污舞弊进行敲诈，私抓银贩私吞银元的；有私自调解资本家纠纷而受贿的；有吸食大烟白面的；有丧失革命警惕，向特务进行敲诈勒索，接受特务与犯人贿赂馈赠，庇护特务在外招摇撞骗、

---

① 参见《毛泽东选集》第 4 卷，人民出版社 1991 年版，第 1438 页。

② 《刘少奇选集》上卷，人民出版社 1981 年版，第 413 页。

贩卖毒品，并与特务妻子通奸的；有嫖娼、搞女招待、舞女的；有强奸居民妇女的。此外，不请假擅离职守，或久假不归或开小差的有22人，自由脱党的有9人。随意扣押犯人、侵犯人权、刑讯逼供、吊打殴打群众违反政策的亦很多。182名犯错误干部中，"贪污腐化者88人（内个别贪污者24人，集体贪污者6人，敲诈性贪污者1人，余为生活腐化者）。贩卖吸食毒品者4人。其他违反政策、纪律者90人"①。报告还说，干部作风中的命令主义仍到处发现，而且屡次纠正屡次发生，带有极大的顽固性。

有报告显示，在进城一年左右的时间里，济南市因为违法乱纪受到处分的干部有58人，其中属于右倾、享乐、贪污腐化等原因者占处分人数的3/4。

北京和济南两市的情况表明，共产党进城以来，确有相当大的一部分党员干部是滋生了享乐思想的，因此贪污腐化的行为增加了，这不得不引起共产党的高度警惕。

毛泽东认为，进城两年后，出现了"很多党员被资产阶级所腐蚀的极大危险"，出现"干部被资产阶级腐蚀发生严重贪污行为这一事实"②。1951年4月9日，中国共产党召开第一次全国组织工作会议，提出一个基本判断："全国胜利后，一方面，在原有的老党员中，有一部分人思想上发生了堕落性质的变化；另一方面，因为在发展党的工作上，疏于管理，以致又有许多觉悟不高，甚至思想落后的人，也被接受为党员；并有一些坏分子钻进党内。"③ 1951年12月，中央印发的《中共中央关于实行精兵简政、增产节约、反对贪污、反对浪费和反对官僚主义的通知的决定》（以下简称《决定》）认为，反动统治阶级的残余作风和资产阶级的腐化影响，"猛力地侵蚀我们，以致我

① 北京市档案馆、中共北京市委党史研究室：《北京市重要文献选编》第2册，中国档案出版社2001年版，第171—173页。

② 《关于"三反"、"五反"（1951年11月至1952年5月）》，中共中央文献研究室编：《毛泽东文集》第6卷，人民出版社1999年版，第190页。

③ 中共中央文献研究室编：《建国以来重要文献选编》第2册，中央文献出版社1992年版，第205—206页。

们的许多工作干部发生了贪污、盗窃和浪费国家财产的严重现象"①。在《决定》中，毛泽东还特意添加这样一段话："自从我们占领城市两年至三年以来，严重的贪污案件不断发生，证明一九四九年春季党的二中全会严重地指出资产阶级对党的侵蚀的必然性和为防止及克服此种巨大危险的必要性，是完全正确的，现在是全党切实执行这次决议的紧要时机了。"为显示解决问题的刻不容缓性，还说："再不切实执行这项决议，我们就会犯大错误。"②

为什么干部队伍中出现了比较严重的腐化现象？原因在于中国革命取得重大胜利，共产党初为执政党，大批新党员吸收到党组织里来，大批新干部吸收到党政机关里来，相当多的党组织不能执行严格审查的规章制度。新中国成立初期的工作任务相当繁重，没有时间集中学习整训，缺乏及时的有计划的教育和训练，一些党员干部作风极为不纯，坏分子、投机分子混进党内。伴随着伟大成绩而来的是一些干部滋生了骄傲自满和官僚主义、命令主义作风，有的高高在上当官做老爷，严重损害了共产党在人民群众中的形象，损害了党和政府的威信，激起群众的强烈不满。少数干部被资产阶级"糖衣炮弹"打中，少数干部贪污腐化，政治上堕落颓废，违法乱纪等极其恶劣现象时有发生。如果这种状况不能遏止，任其发展下去，后果将相当严重。

共产党重视这些错误。刘少奇在 1950 年 4 月 29 日的庆祝五一劳动节大会上发表演说，党中央决定开展批评和自我批评，并且整训干部。1950 年 5 月 1 日，中共中央发出《关于在全党全军开展整风运动的指示》，决定在 1950 年夏、秋、冬三季，结合各项工作任务，"各中央局、省委、大市委、区党委、地委及各大军区党委，在中央的总领导下，领导全党全军，进行一次大规模的整风运动，严格地整顿全党作风，首先是整顿干部作风"③。按照党中央的指示，各地就整党工

① 中共中央文献研究室编：《建国以来毛泽东文稿》第 2 册，中央文献出版社 1988 年版，第 473 页。

② 同上书，第 483 页。

③ 中共中央文献研究室编：《建国以来重要文献选编》第 1 册，中央文献出版社 1992 年版，第 217 页。

作进行了布置。

5月24日，毛泽东就指导全党整风运动问题专门给胡乔木写信，说："全党整风运动即将开始，这件事已成当前一切工作向前推进的中心环节。这一环节不解决，各项工作便不能顺利地向前推进了。"①5月29日，毛泽东还给杨尚昆写信，指示将1950年5月1日以来的关于整党的文件，编成一本《整党文件》，发给参加七届三中全会的每个人。毛泽东在1950年6月的七届三中全会上指出："全党应在1950年的夏秋冬三季，在各项工作任务密切地相结合而不是相分离的条件之下，进行一次大规模的整风运动。"②6月15日，毛泽东在修改聂荣臻在政协第一届全国委员会第二次会议上的军事报告时，添加了"全军应在今年复员工作做好之后，从今年冬季开始，来一次从上至下的整风运动，克服一切不良现象"等内容。③

西北局整风的时间安排在1950年12月到1951年1月。1950年11月29日习仲勋在西北军政委员会第四次会议上的总结报告，题目是《为开展增产节约运动而奋斗》，提到"我们这次会议后，各地都应进行一次以继续反对官僚主义、反对贪污、反对浪费为主要内容的整风学习运动"④。还要求在整个整风运动的思想基础上，积极地、全面地开展增产节约运动。西北局的整风，其内容是反对官僚主义、反对贪污、反对浪费，促进增产节约运动。这是富有创意地把整风、增产节约和"三反"运动结合起来了。

在1950年6月6日的重庆市第二次代表会议上，邓小平报告提到：这次整风，要克服的不良作风和不良倾向，"最主要的是克服严重存在的官僚主义、命令主义，特别是命令主义"。"正在发展的蜕

---

① 中共中央文献研究室编：《建国以来毛泽东文稿》第1册，中央文献出版社1987年版，第367页。

② 中共中央文献研究室编：《建国以来重要文献选编》第1册，中央文献出版社1992年版，第256页。

③ 同上书，第411页。

④ 《为开展增产节约运动而奋斗》，《习仲勋文选》，中央文献出版社1995年版，第198—199页。

化、腐朽思想，也是要在整风中加以克服的。"① 这里提到了属于后来"三反"运动基本内容的反对官僚主义和反对"蜕化、腐朽思想"。

此后，全国广泛开展整顿全党首先是干部的作风的整风运动，揭露了党内大量的官僚主义、命令主义以及腐化堕落现象。到 1950 年年底，这次全党全军主要机关的整风运动宣布结束。

在整风运动中，暴露出一些思想不纯、组织不纯的问题，暴露出少数党员干部腐化堕落、蜕化变质等问题。鉴于这种情况，1951 年 2 月 18 日召开的中央政治局扩大会议决定，从 1951 年下半年起，用三年时间有计划、有准备、有领导地进行一次整党运动。这次整党，在 1954 年春结束。在整党运动中，共有 65 万人离开了党的组织，其中有开除党籍的、完全丧失党员条件的、堕落蜕化分子和混入党内的各种坏分子，也有经过劝告退出党组织的不够党员条件、经过教育确实无起色的消极落后分子。

（二）果断处理刘张大案，强力压制腐败苗头

新中国成立初期，出现了天津地委前后两任书记刘青山、张子善腐败案件，被人们称为"刘张大案"。多少年来，刘张大案一再被人提起。处决刘张，被人们说成是打响了共和国反腐的第一枪。1951 年 11 月 29 日，中共中央华北局负责人薄一波和刘澜涛向中央报告了刘青山、张子善贪污案的查处情况：最近，我们发现了河北省天津地委和专署有严重的贪污浪费和破坏国家政策法令的行为。据初步检查材料证实，现任地委书记兼专员张子善和前任地委书记刘青山，先后动用全专区地方粮折款 25 亿元，宝坻县救济粮 4 亿元，干部家属补助粮 1.4 亿元；从修潮白河的民工供应站中，苛剥获利 22 亿元；贪污修飞机场节余款和发给群众房地补价款合计 45 亿元；冒充修建名义，向银行骗取贷款 40 亿元。总计贪污挪用公款约 200 亿元左右投入地委

---

① 《邓小平西南工作文集》，中央文献出版社、重庆出版社 2006 年版，第 166 页。

机关生产，作投机倒把的违法活动。为贪图暴利，曾利用蜕化干部
从东北盗运木材达 4000 立方米；勾结私商张文义等以 49 亿元巨款
从汉口贩卖大批马口铁，私商从中贪污中饱，破坏国家政策。张子
善、刘青山日常生活铺张浪费，任意挥霍。有账可查者，二人私用
四五亿元，并向上下级及其亲友送礼（有的达一二千万元之巨）达
1.3 亿元。张子善为消灭证据，曾亲手焚毁约计 1.5 亿元的单据和其
他单据 178 张。由于我们最近派人到天津检查和逮捕了与张、刘等
勾结的私商，张子善已十分惶恐不安。根据其所犯错误和罪状，经
华北局讨论，总理批准，决定即将张子善逮捕法办，刘青山归国后
亦予逮捕。①

　　身为高级干部的天津地委前任书记刘青山和时任书记兼专员张子
善竟然如此胆大妄为，已经没有一点共产党员应该有的做派了，使得
毛泽东感到问题的严重性。华北局给中央报告的时间是 11 月 29 日，
而毛泽东在 11 月 30 日迅速地作了批示，将华北局的电文转发各中央
局，并转分局、省市区党委："华北天津地委前书记刘青山及现书记
张子善均是大贪污犯，已经华北局发现，并着手处理，我们认为华北
局的方针是正确的。这件事给中央、中央局、分局、省市区党委提出
了警告，必须严重地注意干部被资产阶级腐蚀发生严重贪污行为这一
事实，注意发现、揭露和惩处，并须当作一场大斗争来处理。兹将华
北局 1951 年 11 月 29 日给中央的报告发给你们研究，望你们注意发现
所属的同类事件而及时加以惩处。"②

　　1951 年 12 月 4 日，北京市委将关于北京市工作人员贪污现象以
及今后开展反贪污斗争的意见，报告毛泽东并中央。报告称："目前，
贪污现象仍然相当严重地存在着，必须更系统地进行大规模的检查和
斗争。""据不完全的统计，自解放以来，北京市属各机关和企业部门

———————————

　　① 参见薄一波、刘澜涛《华北局关于河北省天津地委严重贪污浪费的报告
(1951 年 11 月 29 日)》，中央纪律检查委员会办公厅编：《中国共产党党风廉政建设
文献选编》第五卷，中国方正出版社 2001 年版，第 1003—1004 页。

　　② 中共中央文献研究室编：《建国以来重要文献选编》第 2 册，中央文献出版
社 1992 年版，第 468 页。

工作人员中，已发现贪污分子650人，贪污总额15亿元。其中，1949年166人。1950年289人，1951年195人。但已发现的，仅仅是贪污现象的一部分。据市税务局、市人民银行、市供销合作社等单位初步检查和估计，各部门工作人员贪污现象均极严重。本市供销合作社重点检查的结果，发现九区联合消费合作社132名工作人员中有贪污行为者39名，即百分之三十；六区联合消费合作社132名工作人员中有贪污行为者34名，即百分之二十六；九区有一个街道消费合作社23名工作人员中全部集体贪污。"①

当天，毛泽东就北京市的报告作出指示，将该报告批转中央和军委各部门，中央人民政府各党组；各中央局，并请速即转发所属分局，各省委，各市委，各区党委，各地委和各县委；各大军区党委和志愿军党委，并请速即转发所属政治、军事、后勤各部门，直到团级为止。中央认为北京市委的报告是完全正确的，还严厉地指示："中央责成你们在接到本指示三星期内，至迟在一个月内，有计划地初步地检查自己单位和所属下一级各单位工作人员的贪污现象，仿照北京市委所订各项办法，发动党内外最广大群众（包括各民主党派及社会民主人士），大张旗鼓地、雷厉风行地检查和惩治贪污人员。""中央责成你们大体上仿照北京市委的报告样式，在收到本指示后一个月内，向中央作第一次关于检查和惩治贪污人员的报告。所有中央和军委各部门，均分别向中央和军委作报告；所有中央人民政府各党组，各中央局，各分局，各省委，各市委，各区党委，各地委，各县委，均按级向中央及其上级作报告。县委以上的报告，除发其上级外，均同时直接发中央。有电报的地方，用电报发来。无电报的地方，从邮局寄来。军事系统二三两级军区的报告，除发其上级外，同时直接发军委。军区以下的报告，由军区收集转寄军委。志愿军各部的报告，由志愿军党委收集转寄军委。凡不作报告者，以违纪论。凡推迟报告时间者，须

---

① 北京市档案馆、中共北京市委党史研究室编：《北京市重要文献选编（1951）》，中国档案出版社2001年版，第540—541页。

申明理由。"①

次日，毛泽东接到中央贸易部党组关于反对贪污现象和惩治贪污人员的报告后，更进一步明确要求各地："遵照中央12月1日20时的指示，参照北京市委和中央贸易部党组的分析和办法，迅速订出自己的反贪污计划，并开始着手发动这一斗争。各地党委应统一布置这一斗争，使政府系统（重点在财经部门及总务人员）、军事系统（重点在后勤部门）、党派团体系统，都同时动作起来。"②

毛泽东严格督促，中央各部率先向中共中央提交了报告。

12月4日，中央贸易部党组提交了关于发动群众（包括民主党派及社会民主人士）大张旗鼓地公开地反对贪污现象和惩治贪污人员的报告，12月5日，毛泽东转发了中央贸易部党组报告。12月7日，中央转发了中央财政部，人民银行总行，中央轻工业部，中央水利部等各党组"三反"的报告。12月11日，毛泽东连续批转了包括华北军区后勤党委、邮电部党组、铁道部党组关于"三反"报告在内的若干报告。

邮电部党组1951年12月7日就"三反"情况向中央报告：邮电系统的贪污案件，除一般旧社会常有的类型外，尚有与专门业务相结合的专业贪污案，且极为普遍。贪污腐化现象滋长的原因，一是新中国成立以后，反贪污反浪费尚未形成广泛深入的群众运动，加之党内生活、政治教育不健全，资本主义反过来引诱与腐蚀我们；二是县邮电局多原封未动，领导方面忽视了县局的改造与加强；三是对惩治贪污犯采取了姑息态度，片面地理解"不能轻易开除人"与"不能造成工人的失业"，客观上助长了贪污腐化的风气。12月11日，毛泽东将此报告批转给中央和军委各部门，中央人民政府各党组，各中央局，并请转发分局，省市区党委，地委和县委："因邮电事业普及全国，

① 中共中央文献研究室编：《建国以来重要文献选编》第2册，中央文献出版社1992年版，第495—496页。

② 《中央批转贸易部党组关于大张旗鼓公开地反对贪污现象和惩治贪污人员的报告的指示（1951年12月5日）》，中共中央文献研究室编：《建国以来毛泽东文稿》第2册，中央文献出版社1992年版，第544页。

贪污问题又很严重，故应将此件转发县委，提起大家注意。"①

1951 年 12 月 8 日，中共华北军区后勤部委员会关于反贪污、反浪费、反官僚主义问题给毛泽东、军委、总政并华北军区党委的报告。报告中说：后勤部门的贪污、浪费现象，是十分严重的。我们曾于1950 年 12 月至 1951 年 4 月底，进行了一次反贪污反浪费运动，揭发了一批贪污分子，并分别给予军法、行政、党纪的制裁。但因为没有大张旗鼓地充分发动群众，同时在领导思想上也仅仅是从爱护祖国财产出发，还没有特别强调通过这次运动来加强全体干部的阶级观点，树立坚强的无产阶级思想和立场。因此，某些单位执行极不深入，个别部门甚至不认识，致使运动过后又松懈下来。尤其是各级领导干部没有联系到官僚主义作风，对于资产阶级思想和各种腐化堕落分子，没有给以应有的批判和处理。因而运动之后，贪污、浪费、拐款潜逃等事件仍然不断发生。对此，毛泽东在 12 月 11 日批示道："军事系统各部门，特别是后勤部门，贪污浪费和官僚主义的情况极为严重。很多党员，甚至负责干部，沉埋于事务工作，政治思想极不发展，党内生活极不健全，因此许多人陷入了贪污、浪费和官僚主义的泥坑，许多人本位主义极为浓厚，只顾小局，不顾大局。这种情况，必须改变。"②

尽管毛泽东在七届二中全会上，对革命胜利后将出现干部腐化情况已有预料，但这时出现的干部腐化情况，还是让毛泽东大为震怒，促使毛泽东下大决心对贪污腐化现象予以严厉打击。

12 月 8 日，毛泽东答复福建省委办公厅的询问时，严厉地表示："贪污分子、浪费分子和官僚主义分子当然大多数不是反革命分子（可能有一部分人即是反革命分子），他们的罪名是贪污浪费和官僚主义。但这个问题现在已极严重，必须看作如同镇压反革命斗争一样的重要，一样的发动群众大张旗鼓去进行斗争，一样的用死刑和徒刑等

---

① 中共中央文献研究室编：《建国以来毛泽东文稿》第 2 册，中央文献出版社1988 年版，第 555 页。

② 同上书，第 558 页。

对待他们，并且一样的要查明情况，心中有数（犯贪污的占全体工作人员的百分之几，轻者重者最重者又占百分之几），精密地掌握这一斗争。"他并且表示："全国可能须要枪毙一万至几万贪污犯才能解决问题。"① 这句话，表达了毛泽东面对高频腐败的义愤，表达了毛泽东坚决反腐败的决心。事实上，在"三反""五反"运动中，党和政府并没有"枪毙一万至几万贪污犯"，仅仅依法杀了几十名腐败分子而已。

12月8日，罗瑞卿提交了关于公安系统开展"三反"斗争的报告，12月9日，毛泽东批示："请各级党委严格指导各级公安机关，大张旗鼓地，雷厉风行地，公开地开展这一斗争。""党中央各部门，军委各部门和中央人民政府各部门的党组织，一律每年至少召开一次党的代表大会，审查党的工作，发扬成绩，纠正错误，扶持正气，打倒邪气，并选举党委会。在目前时期，关于纠正错误打击邪气方面，应着重于开展反对贪污、反对浪费、反对官僚主义的斗争。"②

12月11日，毛泽东连续批阅了总政的工作报告，认为：在推行整党并实行政治教育的同时，在1952年的头几个月，应按各部门和各军区情况，规定一段时间，在全军，仿照镇压反革命的方式，大张旗鼓，发动群众，展开一个反贪污、反浪费、反官僚主义的严重斗争，分别轻重，惩治或批判一切犯有贪污、浪费和官僚主义的罪行或错误的人员，并一定要获得结果。

（三）清醒认识腐败严重性，大张旗鼓反腐

从七届二中全会的讲话中可以看出，毛泽东对腐败的高发态势是有思想准备的，但是，新中国成立初期的腐败频度之高，竟然超出毛

---

① 《中央关于三反斗争必须大张旗鼓进行的电报（1951年12月8日）》，中共中央文献研究室编：《建国以来毛泽东文稿》第2册，中央文献出版社1992年版，第501页。

② 中共中央文献研究室编：《建国以来重要文献选编》第2册，中央文献出版社1992年版，第551页。

泽东当年的估计。1952年各项任务都很艰巨。就地方而言，进行国民经济恢复和建设的任务相当繁重。就军队而言，军队需要整编，还进行着抗美援朝战争。"三反"运动没有必要投入大量的时间、人员和精力，大致用一个月的时间，就基本可以结束了。

所以，1951年12月22日，毛泽东在转发甘肃省委关于"三反"报告的批语中，赞成甘肃省委的关于"反贪污反浪费反官僚主义的斗争，从发动到结束只需要一个月"的意见，不赞成"有些同志认为发动这个斗争很不容易，需要几个月时间才能结束"的观点。要彻底解决一切贪污浪费官僚主义问题，需要更多的时间。"但就一般情形来说，一个月左右的时间也就差不多了。特别是一般的浪费现象，就一个机关来说，从调查、研究、批评、检查，到定出新的制度，停止浪费开支，大约有半个月左右的时间也就够了，许多机关已有这种经验。也不是停止一切工作不做，专做三反斗争，而是和各项工作结合，特别是和整党整风工作结合去做，三反斗争就是目前整风的主要内容。"①

1951年12月24日，毛泽东在关于部队"三反"和整编的安排问题给中南军区第三政治委员谭政的电报中，说反腐败的"运动是要发动的，但不要使它妨碍编整工作，应由你们用电话和各军区密取联络，调节时间和精力。省军区，应赶在1月10日以前，用极短的时间，例如一星期至两星期，初步地检查贪污浪费的情况和开展初步的斗争，并向军委作一个初步报告。军分区则可赶在一月底以前展开一次初步斗争。一切受编整的部队都要有一段时间进行这一斗争。一切暂时不受编整的部队则可有较多时间去进行这一斗争，但也不要拖得很长，至多有一个多月也就够了，并须结合其他工作去做"②。毛泽东多次讲到的是"一个多月"时间。

---

① 《中央批转甘肃省委关于反贪污反浪费反官僚主义的报告》，中共中央文献研究室编：《建国以来毛泽东文稿》第2册，中央文献出版社1988年版，第612页。

② 《关于部队三反和整编的安排问题给谭政的电报（1951年12月24日）》，中共中央文献研究室编：《建国以来毛泽东文稿》第2册，中央文献出版社1988年版，第629页。

同样地,毛泽东在1951年12月24日《转发联运党委关于开展三反斗争情况报告的批语》中说:"有些人以为开展三反斗争需要很长的时间,这是不对的。除复杂案件外,每一机关部队有半个月至多一个月就够了。联运党委所规定的时间不到一个月,这是很对的。"①

但是,随着上报材料越来越多,毛泽东注意到腐败问题相当严重,决定改变一个月就可以结束"三反"工作的构想,开始督促各地各部门大张旗鼓地进行"三反"斗争,改变它们不积极领导"三反"斗争的态度,不再要求一个月时间内结束"三反"斗争。

12月26日,华东军区司令员陈毅给毛泽东的电报中指出:近日已发现某些部队不先反贪污即进行整编,他们胆敢违法犯纪瓜分财产,这样的人,带着浪费和官僚主义,甚至带着贪污去转业,在政治上必然造成极大损失与被动。华东部队预定1月份以反贪污浪费为主,结合整编,2月、3月以整编为主结合反贪污浪费,3月后将反贪污浪费深入到建立财经工作制度诸方面去,并力求3月底整编40万至45万人的工作不受影响。显然,这将毛泽东关于一个月完成"三反"工作的时间延长了。毛泽东立即表示:很好。我们的方针是必须将反贪污反浪费反官僚主义斗争和整编工作结合进行。"如因三反斗争妨碍了整编工作,则宁可稍为推迟若干天(例如半个月)去完成整编,决不可让被整编的人员带着贪污浪费和官僚主义的精神去转业和进学校,这一点,陈毅同志说得很好。"②

同样,12月28日,中共华东军区委员会发电报给党中央毛泽东,决定对1952年1—3月的工作步骤加以改变。1月份以开展反贪污、反浪费斗争为中心,结合进行整编,2、3月份以整编和转业建设工作为主,结合继续深入"三反"斗争。31日,毛泽东批语中说:"这个指

---

① 《转发联运党委关于开展三反斗争情况报告的批语(1951年12月24日)》,中共中央文献研究室编:《建国以来毛泽东文稿》第2册,中央文献出版社1988年版,第631页。

② 《关于同意将三反斗争和整编工作结合进行给陈毅的电报(1951年12月28日)》,中共中央文献研究室编:《建国以来毛泽东文稿》第2册,中央文献出版社1988年版,第639页。

示是完全正确的。"① 华东军区党委会下决心结合整编工作有力地深刻地发动"三反"斗争，毛泽东同意华东军区所属各部推迟报告时间的请求。

　　毛泽东严格督促开展反腐败。在 12 月 30 日转发西南军区党委关于"三反"斗争的一周简报的批语中，要求各级领导同志把"三反"斗争当作一场无产阶级和资产阶级之间的大战争，务必取得胜利。各大军区都应发关于"三反"斗争的每周简报（一月份应发四次简报），互相比赛战斗成绩，由中央加以评判。又在同日向中央、大区、省市三级一切工作部门发出要向中央主席和军委主席作"三反"报告的指示：中央一级大行政区一级和省市一级共三级的一切工作部门，除每一民众团体只要总报告不要各部门的报告以外，所有一切工作部门，均应分别向中央主席和军委主席作关于反贪污反浪费反官僚主义的报告。政府中凡与党外人士在领导工作上合作的部门，用党组名义作报告。在 1952 年的头四个月内，须每月作一次报告，以便中央有所比较，看出各级领导同志对这一场严重斗争哪些是积极努力的，哪些是消极怠工的（消极怠工的原因，一种是领导人有官僚主义，一种是领导人手面不干净），以便实行奖励和惩处。不作报告者以违纪论，须推迟时间作报告者须申明理由。这些报告各级党委应负督促之责。在《对董必武等关于五机关合署办公及开展三反斗争情况报告的复信（1951 年 12 月 30 日）》中，毛泽东指示：对一切态度消极的党政领导人"限期（例如十天），遵照中央决议，认真发动群众开展反贪污反浪费反官僚主义的斗争，否则即须撤职。如果本人有贪污实据，还须开除党籍，严重者须送法院惩办"②。

---

　　① 《转发华东军区党委关于大张旗鼓开展三反斗争的指示的批语（1951 年 12 月 30 日）》，中共中央文献研究室编：《建国以来毛泽东文稿》第 2 册，中央文献出版社 1988 年版，第 648 页。

　　② 《批转并奖励西南军区党委关于三反斗争的一周简报（1951 年 12 月 30 日）》；《中央关于中央、大区、省市三级一切工作部门向中央主席和军委主席作三反报告的指示（1951 年 12 月 30 日）》；《对董必武等关于五机关合署办公及开展三反斗争情况报告的复信（1951 年 12 月 30 日）》，《建国以来毛泽东文稿》第 2 册，第 646、653、652 页。

　　可以认为，1951 年 12 月底，毛泽东已经下了比以往更大的决心，进行一场雷厉风行的大规模的反腐败运动。学者杨奎松找到广东省档案馆藏的一个材料，是 1952 年 2 月 25 日罗瑞卿在华南分局第七十二次常委会上传达的毛泽东在一次会议上的讲话。毛泽东说："三反不反，党就会变质。从二中全会算起，如十年内不进行三反，共产党就会变成国民党。说党不会变质，只有进行三反这一条下才有可能。如不进行三反，一样可以腐化。过去在山上看不见，一到城市就看见了。要进行三反，马克思主义才灵，不进行三反，马克思主义、共产党员八个条件都不灵。有些人不进行三反看不出来，镇反中有些人也看不出来，有些公安人员对五种敌人的斗争是坚决的，但就是贪污腐化，如卜盛元、刘青山（镇反有成绩，还出过国）。过去整党整风只是整坏人，不整好人，这次是坏人好人一齐整，好人整得更好。……有多少反多少，开除四百万党员还有一百八十万……在所不惜。过去看联共党史，看见大批开除党员，当时了解不深刻，现在才体会到这一点。只有这样党才能健康。"有人问：怎样算是达到标准？毛泽东明确讲："就是'发烧发热，上吐下泻'，否则火力不够。""办法就是大张旗鼓，雷厉风行，要比作战还紧张。还有就是限期发动，点名反省，放手发动群众，成绩就是要交数字，要大的，越多越大越光荣，应有尽有。"毛泽东当场问中共中央办公厅主任杨尚昆："所有机关都有大老虎，党中央机关就没有？你敢写保证书吗？"杨尚昆当即答应交出 50个。毛泽东强调："出大虎的地方是那些有金、木、水、火、土的地方（水主要是指轮船运输，火指油、电料，土指建筑工程——引者注）。"但同时也说："安子文同志等地方，的确是清水衙门，但也不忙做结论，看看再说。"①

---

① 《罗瑞卿同志在华南分局第七十二次常委会上的传达报告（1952 年 2 月 25日）》，广东省档案馆藏，206/1/44/58—59。转引自杨奎松《毛泽东与三反运动》，《史林》2006 年第 4 期。

二

整合社会，领导有力

强力改造社会，领导有力，是毛泽东反腐败斗争的特色。

（一）社会全面整合

社会根本制度是社会规律深入、准确地反映，是社会生产实践的最根本的体现。在生产实践中，人们结成了经济、政治、文化关系。毛泽东正是从改造社会根本制度的角度，从经济制度、政治组织、文化意识各个方面整合了中国社会，增强社会的组织凝聚力，从根本上建构了强有力的反腐败体系。

第一，经济整合。旧中国四分五裂的经济布局和结构是无法成为民族复兴的经济基础的。新中国成立后，全国范围的经济整合的条件成熟，将多种经济成分整合为社会主义公有制经济。国家对经济的整合还表现在统一财政、强化税收、统购统销上。经济整合使国家获得了经济力量的支持，加强了社会对国家在经济上的依赖，加强了每一个官员在经济上对国家和政府的依赖，为党和国家约束干部的行为提供了前提。尤其是地方基层单位，没有财政经济的决定权。改革开放以后一直成为腐败土壤的单位的小金库，在新中国成立初期几乎没有存在的可能。财权经济权集中后，地方单位和部门用钱不方便了，需要上级部门审批，地方单位的经济情况容易被监控、约束和管理，有利于控制干部经济方面的腐败行为。

第二，政治整合。政治整合首先包括建立全国统一的政权体系，使国家政权有效地从中央延伸到地方，形成比较完整有效的国家权力体系。在政治整合中，党有能力将大陆上几乎所有的民众置于自己的政治领导之下，尤其是成千上万的共产党员、干部，由一套完善的组织制度如民主集中制、报告请示制度规范着自己的行为。在强有力的政治整合面前，任何政府系统内的官员与社会中的个人，若超越既定的国家与社会法则，行腐败之事，是十分困难的。

第三，文化整合。早在革命战争年代，中国共产党锤炼出一套价值体系，指导思想是马克思主义，构成要素是全心全意为人民服务、集体主义的价值观；革命的英雄主义和乐观主义精神；社会主义的民主平等观念等。通过长期的政治灌输、思想斗争、道德感召等等途径，以集体主义取代个人主义，以社会平等取代社会特权，以无产阶级思想反对资产阶级思想，以劳动观念反对剥削观念，以公心反对私心。久而久之，人们大体上认同了社会主义的思想体系。大公无私，公而忘私，毫不利己，专门利人得到主流意识形态的支持。个人利益被看作低级的可耻的东西而遭到压抑，私心私利在庞大的社会主义机器里几乎没有生存的余地。当然，不能说在社会高度整合状态时，不会发生腐败，但可以肯定地说，那时的腐败意识被有效地遏制到一个最低的程度，为全面反腐败提供了根本性的思想基础。

社会主义的社会平等观念是无数社会主义先贤的不懈追求。不少国内外参观过延安的人士，看到了毛泽东领导的政权里军民、官民、官兵之间的平等融洽，为毛泽东"专为国家民族劳苦民众做事，牺牲个人利益，故人人平等，并无薪水"① 的观点而折服。新中国成立后，毛泽东为代表的老一辈无产阶级革命家，继续保持了这种平等观念。

---

① 《毛泽东书信选》，人民出版社1983年版，第114页。

1952 年 6 月 11 日，毛泽东对干部子弟学校待遇的特殊化情况作出批示："应划一待遇，不得再分等级"，"废除贵族学校，与人民子弟合一"①。1958 年 5 月 20 日，毛泽东在一次党的会议上，要求干部特别是领导干部，要以普通劳动者的姿态出现。② 身为国家主席的刘少奇与掏粪工人时传祥的多年交情，国务院总理周恩来等中央领导在十三陵水库与普通群众一样参加劳动等，无不体现了社会主义的平等观。在社会主义计划经济条件下，社会平等的观念得到国家与政府计划安排的支持。任何超出国家与政府计划要求的不平等，必然会遭到排斥，而社会平等的言行。因符合社会整合后的社会经济、文化结构的要求而得到强化。

集体主义是社会主义的必然要求，是社会主义的基本特征。公有制不仅强化了平等观念，而且强化了集体主义在社会中的传播。毛泽东要求："我们干部要关心每一个战士，一切革命队伍的人都要互相关心，互相爱护，互相帮助。"③ 刘少奇要求共产党员加强修养，与个人主义作斗争，用无产阶级的、人民的、党的利益高于一切的原则去同个人主义的思想进行斗争。④

新中国成立后，中国共产党在进行社会主义改造和社会主义建设的过程中，逐渐使集体主义成为中国政治形态的基本价值取向。⑤ 由于建立以公有制为主导的社会经济制度，社会公共利益成为绝大多数社会成员利益的集中体现。在这种社会中，个人利益与社会公共利益之间具有一种内在的一致性，而这正是集体主义价值观取向的现实基础。另外，集体主义作为社会主义上层建筑，又支持社会主义公有制的存在与发展。毛泽东把集体主义作为巩固与坚持农村合作社的保证：反对自私自利的资本主义的自发倾向，提倡集体利益和个人利

---

① 《毛泽东文集》第 6 卷，人民出版社 1999 年版，第 232 页。

② 《毛泽东文集》第 7 卷，人民出版社 1999 年版，第 378—379 页。

③ 《毛泽东选集》第 2 卷，人民出版社 1991 年版，第 906 页。

④ 《刘少奇选集》上，人民出版社 1984 年版，第 121 页。

⑤ 参见林尚立《当代中国政治形态研究》，天津人民出版社 2000 年版，第 240 页。

益相结合的原则为一切言论的行为的标准的社会主义精神，是使分散的小农经济逐步地过渡到大规模合作化的思想的和政治的保证。

经过对社会的全面整合，社会上出现了有利于从根本上遏制腐败的社会环境。新中国成立初期的社会整合，有些直接形成了对党员干部行为的约束，如对干部进行的反个人主义、反特权思想的教育，树立集体主义观念的教育等。有些措施虽然不是直接针对腐败的，但有反腐败的意义，如民主集中制、党内请示报告制度等。有些社会整合措施对腐败具有根本性控制作用，如社会主义的公有制、共产党的领导、无产阶级专政等；有些虽然不具有根本性的控制腐败作用，但在反腐败中起到很大的作用，如供给制、合作社等。不论当代人在市场经济的背景中如何讨伐那时的社会整合，但它毕竟起到了推动我们整个时代跃迁的巨大作用，使新社会本质上区别于旧社会，对腐败现象的滋生起了积极的约束作用。

严密的社会和国家控制，可能导致两种结果，一种是因为权力集中而导致腐败的加剧；另一种是在严密的社会控制下，腐败因为社会的控制而得到遏制。而20世纪五六十年代的强有力的社会整合，社会和国家反腐败的能力大大提高，避免了第一种结果，实现的是第二种结果。公有制、集体主义、全心全意为人民服务等，在社会上的实施和倡导，强有力的监督、严格的规章制度等，有效地遏制了腐败。社会整合是20世纪五六十年代成功反腐败的前提条件。

（二）坚强有力的领导

新中国成立初期的政治清明，与毛泽东和党中央强有力的领导，党政配合，生成伟大的反腐合力有关。

第一，成立专门的反腐领导机关，加强对反腐败的领导。

1951年12月7日，在中央人民政府政务院第一百一十四次政务会议上，决定成立中央节约检查委员会，并任命薄一波为主任。从此，中央有了领导"三反"运动的专门机关。

毛泽东指导中央节约检查委员会的工作。作为新成立的专门领导"三反"运动的机关，中央节约检查委员会立即开展领导"三反"运动的工作。1951 年 12 月 13 日，中共中央华北局、华北军区、华北事务部和华北级各机关团体，联合举行反对贪污、反对浪费和反对官僚主义的动员大会，到会的有各机关党员干部共六百余人。大会由中央人民政府节约检查委员会主任、中共中央华北局书记薄一波作动员报告，号召大张旗鼓开展反贪污、反浪费、反官僚主义运动，开展检查运动，肃清腐朽的资产阶级思想影响。

在毛泽东的指导下，中央节约检查委员会制定了领导反腐败斗争的斗争策略，将"三反"运动的重点打击对象，确定为大贪污犯，号召发动对大贪污犯的全面进攻。1952 年 1 月 21 日，新成立的中央节约检查委员会举行第二次会议。中央人民政府节约检查委员会秘书长刘景范，作关于中央一级机关反贪污、反浪费、反官僚主义运动的情况和进一步开展运动的方针、步骤的报告。刘景范秘书长指出：各机关应把反贪污、反浪费、反官僚主义运动引向新的高潮。薄一波主任最后讲话并宣布：凡犯有贪污行为者，能在 1 月 26 日前把自己的问题彻底交代清楚，均作为自动坦白论，除罪大恶极者外，均可酌情从轻、减轻或免予处刑。否则，一定依法严惩。

中央成立领导"三反"运动的机关后，各个机关也成立了增产节约委员会，并立即展开"三反"斗争。

中央人民政府重工业部及所属各局，决定由代部长何长工、副部长钟林、刘鼎等 15 人，组成增产节约委员会，各工业局（组）、干部学校成立分会，各厅、司、室成立中心小组；在反贪污、反浪费、反官僚主义运动期间，委员会、分会、小组之下指定专人，脱离现职，组成秘书室，办理日常组织工作，同时组织强有力的检查小组，配合群众运动作重点深入检查。

各地成立的节约检查委员会，根据当地具体情况提出开展运动的方法、原则，详细制定了开展这一运动的步骤和计划。华北各省市和部分专区都成立了包括党内外负责干部和积极分子在内的精简节约检查委员会，中共山西省委员会成立了专门研究和指导运动的办公室。

第二，毛泽东要求首长带头检查，大张旗鼓地动员群众。

薄一波在 1952 年华北局纪念党诞生三十一周年大会上总结说："放手发动群众与严密控制相结合，是此次'三反''五反'运动在领导上的一个特征。……在'三反''五反'运动中一切检查、追赃、定案都是由广大群众自己动手来干的，这是充分走了群众路线，但在狂风暴雨般的群众运动中，又做到了'反而不乱'的地步。"①

毛泽东关于大张旗鼓地发动"三反"运动的指示下达后，全国各地各部门响应党中央、毛泽东的号召，开展了"三反"运动。毛泽东在要求各地各部门上报的材料中，找到了进行"三反"运动的一条经验，那就是"首长带头"。

响应毛泽东的号召，中共华北局确定工作步骤，首先进行广泛动员。华北各省市党政领导机关，在 1951 年 11 月即先后进行了增产节约的布置和动员，并结合学习文件进行了初步检查。12 月中旬，各省市先后召开各种会议，进行了反贪污、反浪费、反官僚主义的大动员。各地党政负责同志都亲自作报告，说明开展这一运动的重要意义，号召党内党外、上上下下一致行动起来，大张旗鼓地开展反贪污、反浪费、反官僚主义运动。河北省召开党代表会议、各界人民代表会议之后，中共河北省委员会在 12 月 18 日举行了省级各机关党员干部八千多人的大会，副书记马国瑞作动员报告。河北省总工会、青年团、学生联合会、民主妇女联合会、民主青年联合会五个人民团体也在 18 日联合发出通知，号召全省工人、青年、妇女、学生积极参加这一运动。山西、平原两省也分别召开了扩大干部会、党团员会、各界人民代表会议等。1951 年 12 月 15 日，天津市黄敬市长在近万人的干部大会上作了动员。此外，太原、保定、宣化等中小城镇以及新乡、安阳、通县等专区，也进行了反贪污、反浪费、反官僚主义的动员、学习和初步检查。这样大规模的普遍广泛的号召和动员，使反贪污、反浪费、

———————————

① 薄一波：《若干重大决策与事件的回顾》上册，中共中央党校出版社 1993 年版，第 146 页。

反官僚主义的运动，在华北区范围内显示了规模宏伟、声势浩大的特点。①

领导群众，就要发动群众。"三反"运动初期，出现干部领导懈怠，不敢领导群众，不敢发动群众的倾向。毛泽东亲自为《人民日报》写了社论《在反贪污、反浪费、反官僚主义的伟大斗争中，发动群众的关键何在?》，指出："群众没有充分发动或根本没有发动的情况是从何而来的呢? 这里的主要关键就在于领导；而领导问题的中心就是要'首长负责，亲自动手'。只有这样，才能充分发动群众，把运动领导起来。目前有的地方，运动开展得很好，很有力量，就因为那里的负责首长，把这个运动当作一场严重的思想斗争和政治斗争，积极主动地采取战斗的姿态，亲自'上前线'，毫无畏首畏尾、拖泥带水的模样。反之，目前所以还有不少令人不满的情况存在，就因为有些首长不负责任，不亲自动手，缺乏战斗精神，畏首畏尾，陷于被动，甚至于消极怠工的缘故。"督促那些对反贪污、反浪费、反官僚主义运动的重大政治意义认识不足的各级干部，要积极发动群众，领导群众、开展运动。②

起初，由于首长没有亲自动手，铁道部所属各单位的领导干部对这一运动的政治意义认识不足，多数单位的群众未发动起来。为了改变上面所说的情况，铁道部机关增产节约委员会在1952年1月3日实行改组，铁道部部长滕代远亲自领导这一运动，亲自带头检讨消除群众顾虑。4日，滕部长在全部两千多职工的动员大会上，传达了中央关于开展反贪污、反浪费、反官僚主义运动的指示，恳挚地检讨了自己违反国家财政纪律、破坏制度、生活上某些铺张浪费的错误。这一检讨使到会职工深受感动。这次动员大会后，铁道部机关增产节约委员会又对抵抗运动的一些贪污分子作了处分，运动更迅速地开展起来。

"大张旗鼓"是领导"三反""五反"运动的一个特色。在1951

---

① 《确定步骤制出计划进行广泛动员　华北区反贪污浪费运动初步展开》，《人民日报》1952年1月3日。

② 《人民日报》1952年1月4日社论：《在反贪污、反浪费、反官僚主义的伟大斗争中，发动群众的关键何在?》。

年11月的东北局报告中，揭露了一些干部中存在的严重的贪污、浪费、官僚主义的事实后，引起了毛泽东、党中央的高度重视。11月30日，毛泽东、党中央下大决心坚决进行一场"三反"运动。在转发邓小平关于西南区党政军三个会议情况报告的批语中说："反贪污反浪费一事实是全党一件大事"，表示要对腐败来一次全党的"大清理"①。12月8日，毛泽东重申"三反"运动必须大张旗鼓进行，"必须看作如同镇压反革命斗争一样的重要，一样的发动群众大张旗鼓去进行斗争"②。至此，毛泽东、党中央明确提出要搞一场大规模的反腐败政治运动。

第三，毛泽东领导反腐败"雷厉风行""事无巨细，一抓到底"③。

毛泽东严格督办，勤加指导，体现了党中央、毛泽东对反腐败斗争的坚强有力的领导。从1951年11月20日到年终的41天里，毛泽东写了大量的指导"三反"斗争的指示、批示和书信。中共中央文献研究室编辑的《建国以来毛泽东文稿》第2册里，收录这类文稿50件。第3册收录了毛泽东1952年的文稿，其中，指导"三反""五反"工作的文稿竟达183件，占这一册全部文稿的2/5。此时，全国刚刚解放，百废待兴。毛泽东要处理抗美援朝、土地革命、镇压反革命、制定过渡时期总路线、少数民族地区的社会改革等重大事情，能够抽出如此多的精力，专门指导"三反""五反"运动，由此可见，反腐败斗争在毛泽东工作日程表上的重要位置。

毛泽东亲自过问的报告，单位级别的下限是"县委"。1951年12月4日指示："县委以上的报告，除发其上级外，均同时发中央。有电报的地方，用电报发来。无电报的地方，从邮局寄来。……凡不作报

---

① 中共中央文献研究室编：《建国以来毛泽东文稿》第2册，中央文献出版社1988年版，第524页。

② 同上书，第549页。

③ 这是薄一波对毛泽东在控制腐败斗争中领导特点的概括。薄一波：《若干重大问题与事件的回顾》上册，中共中央党校出版社1993年版，第142页。

告者，以违纪论。凡推迟报告时间者，须申明理由。"① 在《建国以来毛泽东文稿》第3册里，有毛泽东对一些区县委、军分区报告的大量批示②。批转"三反"文件从不积压，分秒必争，显示了中央号召反腐败的急迫性和坚强决心。还是以毛泽东对北京市委批示为例。1951年12月4日晨，北京市向中央提交了展开反贪污斗争的报告，毛泽东于当日"二十时"即发出指示，并要求将批示转给团县级以上行政、军队单位。毛泽东要求各地"接到本指示三星期内，至迟在一个月内，有计划地初步地检查自己单位和所属下一级各单位工作人员的贪污现象，仿照北京市委所订各项办法，发动党内外最广大群众（包括各民主党派及社会民主人士），大张旗鼓地、雷厉风行地检查和惩治贪污人员"。"中央责成你们大体上仿照北京市委的报告样式，在收到本指示后一个月内，向中央作第一次关于检查和惩治贪污人员的报告。所有中央和军委各部门，均分别向中央和军委作报告。所有中央人民政府各党组、各中央局、各分局、各省委、各市委、各区党委、各地委、各县委，均按级向中央及其上级作报告。"③ 所有的报告最终汇集到党中央，实际上主要由毛泽东批阅、回复，可以想象毛泽东批阅文件的工作量有多大。

中共华东军区委员会1952年1月3日作出关于"三反"中报告制度的规定，要求团以上党委1月份作简报两次，月终作一次总结性的报告；2—4月月终各作一次关于继续贯彻厉行节约和反贪污、反浪费、反官僚主义的报告。毛泽东1月5日批示给各大军区、志愿军，并告各中央局："华东军区党委1月3日给所属的指示很好，请你们参

① 中共中央文献研究室编：《建国以来毛泽东文稿》第3册，中央文献出版社1989年版，第542—543页。

② 如毛泽东1952年1月1日给川北区委、1952年1月14日给集宁军分区、1952年1月14日给遵义军分区报告的批示。分别见中共中央文献研究室编《建国以来毛泽东文稿》第3册，中央文献出版社1989年版，第7、51、52页。

③ 中共中共文献研究室编：《建国以来毛泽东文稿》第2册，中央文献出版社1988年版，第542—543页。

酌办理。必须抓得很紧，才能产生实效。"①

1951年12月30日15时收到中南军区第三政治委员谭政关于开展"三反"问题的电报后，毛泽东觉得中南军区的行动稍缓，即于元旦凌晨两点起草复电，要求中南军区"严加督促，勤加指导，务使每天都有收获"。"亲手抓紧直属部门，三天一会，五天一报。"② 并对来电的不妥之处作了订正。毛泽东特意派人连夜乘专机送修改稿，以显示事关重大，促使中南军区引起高度重视。

毛泽东领导"三反""五反"运动，亲自挂帅，督促严格细密。这一特点，还可以从毛泽东在1951年12月1日关于补报重大贪污犯的处理情况给薄一波、刘澜涛的电报体会出来。③ 这封电报有两个特点，一是毛泽东及时发现了报告的不周之处。虽然报告了贪污事件，但未说明当地党和政府的处理结果。毛泽东指出这一点，督促地方加紧办理类似的案件，不得拖延。若贪污犯已被查处而未报告，则是漏报情况，需加以补报。这封电报可以督促地方党政部门尽可能详尽地汇报情况，以利于中央掌握全局。二是毛泽东不厌其烦地将贪污犯的职务、单位、姓名一一指出，有唐山市粮食公司负责人、河北省供销社西北小组负责人等，一一点名，而不是笼而统之，加强了督促的力度，形成强烈的压力，让下属马虎不得，促使其兢兢业业。

薄一波总结毛泽东领导反腐败工作的一个显著特点是"看准的事情一旦下决心要抓就抓得很紧很紧，一抓到底，从不虎头蛇尾，从不走过场。他不仅提出方针，而且亲自督办，不仅提出任务，而且交代方法。在'三反'运动紧张的日子里，他几乎每天晚上都要听取我的汇报，甚至经常坐镇中节委，参加办公会议，亲自指点"④。据薄一波

---

① 中共中央文献研究室编：《建国以来毛泽东文稿》第3册，中央文献出版社1989年版，第23页。

② 同上书，第3页。

③ 参见中共中央文献研究室编《建国以来毛泽东文稿》第2册，中央文献出版社1988年版，第530页。

④ 薄一波：《若干重大决策与事件的回顾》上册，中共中央党校出版社1993年版，第142页。

回忆：1951年12月31日，"中央直属机关总党委召开了党、政、军、团、群等机关处长级以上数百班干部参加的党委扩大会议，由我（指薄一波——引者注）和安子文同志（他是中纪委委员和总党委第二书记）宣布中央决定，限期发动'三反'斗争"①。三天后，毛泽东为中央起草了《关于立即抓紧"三反"斗争的指示》，向全党通报了这次会议，将工作任务、目的、时间期限、领导方式、任务安排等事宜交代得一清二楚，奖惩分明，责任明确。尤其是时间观念极强，短短的指示中，竟共有11处涉及时间，每一处都有极强的督促含义，没有商量的余地。要求各单位立即召开干部会，限期（例如10天）展开斗争，送中央报告。毛泽东简直是在强力压迫各级干部马上开展"三反"斗争，以严峻的口吻说："违者不是官僚主义分子，就是贪污分子，不管什么人，一律撤职查办。"毛泽东严加督办，指示特意指明，会议当场指名批评落后的单位及其领导人，指名奖励做得好的单位及其领导人，宣布撤职的名单及理由。"限期1月1日至1月10日，各院委、部、会、院、署、行、局、处及其下面的一切单位，务须发动群众斗争，实行坦白检举，于1月11日送来报告。违者，不论部长、行长、署长、局长、处长、科长、股长或经理，一律撤职查办。"② 要求限期开会，不许请假。此指示措辞严厉，督促细密，充分体现了毛泽东"一抓到底，从不虎头蛇尾"的领导作风。

各级党委坚决贯彻执行中央指示，这是"三反""五反"运动胜利的重要保证。在毛泽东党中央的督促下，各地各部门领导亲自带头，自上而下发动，层层把关。就全国情况来看，一般是领导亲自带头抓"三反"运动。在运动之初，往往连续召开会议，传达上级精神，进行专题讨论。在运动过程中，从上到下，层层发动，首先从各单位领导做起，开展自我批评和检查，使得"三反"问题很快得到揭露。由于毛泽东和党中央坚强领导，采取了大张旗鼓、雷厉风行的群众运动

---

① 薄一波：《若干重大决策与事件的回顾》上册，中共中央党校出版社1993年版，第143页。

② 中共中央文献研究室编：《建国以来毛泽东文稿》第3册，中央文献出版社1989年版，第12—13页。

的方式，使得各种腐败现象暴露无遗，从而将反腐败运动推向纵深。

第四，表扬先进，批评和帮助落后，激励各地对腐败分子穷追猛打。

1952 年 1 月 28 日，中国人民解放军第十军党委给华北军区党委、总政、各师党委的报告中，总结出捉"老虎"的几条办法，如对"三反"不彻底的单位，重新发动群众，实行回炉补课；详细分析群众检举材料，找出大贪污分子线索，然后调虎离山，由领导个别谈话，结合群众压力；向群众反复表示对惩办大贪污分子的决心，各级领导分工包干，坐镇指挥；找材料，对证据，经过斗争使其就范；对不愿意彻底坦白的贪污分子，要猛打深追，通过摆事实、讲道理，打破其幻想，使他们感到只有坦白交代才有出路。① 毛泽东和党中央在 2 月 2 日向各大军区、志愿军，并转各级军区和各军转发十军打虎经验的批语中说："十军这个经验很好。原以为没有多少搞头的，回炉再炼，就清出了大批老虎，管理排长，指导员，股长等人许多都是贪污犯。望各军都向十军看齐。"② 2 月 5 日，中国人民解放军第十军党委就打虎经验给华北军区党委、总政及各师党委的报告中，提到了一些政策观点，表扬了先进。2 月 6 日，毛泽东批示道："在打虎阶段，又是十军的成绩最好，请各军和各军分区将十军的成绩和自己的成绩比较一下，立即作出结论来。十军截至二月二日止已捉一千万元以上老虎五十九只，预计还可捉三十只至四十只。十军'无生产无大建筑，过去被认为比较规矩'，尚且查出这多老虎，那些有生产有大建筑，或过去不大守规矩的部队和机关，老虎当然要更多。"③

在得知十军因发生逼供信错误后，毛泽东说："十军因发生逼供信错误已不是模范了。"同时，表扬了六十六军。

1952 年 2 月 9 日，中共华北军区委员会通报中说到六十六军打虎

---

① 参见中共中央文献研究室编《建国以来毛泽东文稿》第 3 册，中央文献出版社 1989 年版，第 132 页。

② 同上书，第 131 页。

③ 同上。

经验。① 2月5日，毛泽东对六十六军打虎报告写下批语"六十六军是入朝参战部队，回国也不很久。过去捉虎无成绩，经严督后重整旗鼓，两天即捉到中小虎二十三只。请你们严督各部各军限期大批捉虎，至要至要。"② 2月11日，毛泽东认为"六十六军的打虎经验应成为全军各单位，特别是各军师和各军分区打虎斗争的模范"③。12日，毛泽东又批示："六十六军的打虎决心和打虎方法都是很好的，请你们收到后转发所属各单位，并印成小册子发给一切打虎小组当作课本去阅读。许多部门的领导者不愿意担负多打老虎的责任，打虎预算甚低。上级分派任务，勉强承认，信心不高。有些人知道虎多，办法很少，打不出来。都因为没有认真研究情况，照六十六军同志们的话来说，都是官僚主义作怪。……我希望各部门各单位的领导同志都有六十六军同志那样的主动性，将全部应有的而不是无中生有的老虎通通捉干净，否则运动结束，势必留下大批暗藏的老虎遗祸将来。因此，六十六军的经验，不但军事系统的同志应该研究，党政民学各系统的同志都应该研究。"④

1952年2月11日，刘澜涛给毛泽东的报告中提到六十六军打虎经验，毛泽东又在2月12日下午四时批示说，"各同志：请你们注意寻找这样的典型经验。每一大区找着一个，就可以教育全党，推动整个打虎斗争"⑤。

对全国各地的打"虎"好经验，毛泽东也很重视，曾在全党、全

---

① 主要是领导层层带头作自我检查，走下"楼"来指挥部队向贪污开火；领导上迅速克服对情况估计不足的右倾情绪；在战斗中不断提高领导和群众的战术水平，攻破他们的道道防线。方法是：精密研究敌情，确定打虎对象；大会、小会、个别谈话相结合，阐明政策，反复攻击；组织打虎基干队；对订立攻守同盟的贪污集团实行分割包围等。

② 中共中央文献研究室编：《建国以来毛泽东文稿》第3册，中央文献出版社1989年版，第156页。

③ 同上书，第195页。

④ 同上书，第195—196页。

⑤ 同上书，第196页。

军、中央人民政府推广。1952 年 2 月 4 日，毛泽东赞扬了三个文件，推荐大家向这三个文件学习："这里有三个文件都很好，值得看一下。一个是 2 月 2 日东北局的报告，其中所说打虎的十条经验都是好的。又一个是 2 月 2 日华东军区党委给所属的指示，其中所说老虎类型之多，分布之广，足以发人深省，引起打虎热情。第三个是 2 月 1 日中南军区党委给所属的指示，说的都是内行话，证明他们已经摸到了门路，取得了经验。现在中央一级和大行政区一级都已有了丰富的经验，但省市一级和地委一级则还不能说都有丰富经验，特别是地委一级经验尚少，所以还有许多报告说不出内行话，而是属于'空话连篇'一型的。对于这类报告，必须立即予以批判。"① 这一天，毛泽东批评中南军区分配给各省的打虎数目太少了，"特别是广东军区系统包括海防和各军在内至少有几百只乃至上千只大中小老虎，而你们只分配该军区大老虎二十只，中小老虎一百八十只，这是完全不适当的。你们对各省压力太小，迁就他们的右倾思想，特别对广东是如此，望注意改正"②。2 月 5 日，山东分局因打虎数量少，受到毛泽东的督促："你们打虎成绩还很小，你们还没有订出全省包括县以上党政军民各系统的打虎计划（不包括社会工商界），你们对下面督促不严。"③ 毛泽东有极高的威望，一言九鼎。他严密督促，各级领导和部门感到不小的压力，不敢怠慢，反腐败运动如火如荼开展起来。

---

① 中共中央文献研究室编：《建国以来毛泽东文稿》第 3 册，中央文献出版社 1989 年版，第 147 页。

② 同上书，第 144 页。

③ 同上书，第 151 页。

三

讲策略，顾大局

——以《学习》杂志事件为例

发生在 1952 年年初的《学习》杂志事件，体现了毛泽东反腐败的一个重大特点：掌握政策，维护大局。

（一）《学习》杂志事件

1952 年年初，时值全国上下"三反""五反"运动逐步展开的时候，中共中央宣传部主办的理论刊物——《学习》杂志连续发表了几篇批判资产阶级的文章，其主要观点过于偏激，造成了不良影响。文章及其主要观点详见下页表。

1952 年 3 月 29 日，中宣部部长陆定一向党中央作了《关于〈学习〉杂志错误的检讨》。这个检讨表明，1952 年《学习》杂志第 1、第 2、第 3 期由于光远、王惠德负编辑责任，均系于光远、王惠德组织稿件。所发表的一系列带有严重错误性质的文章分别是：第 1 期发表的杨耳（许立群）的《只有马克思列宁主义才能领导资产阶级的思

想改造》一文，把资产阶级的思想改造说成是用无产阶级思想来"根
本否定"资产阶级思想；此外，第 2 期发表吴江的《论资产阶级的
"积极性"》，把资产阶级在新民主主义革命中的积极性描写为一种欺
骗手段，也是错误的。第 3 期发表艾思奇的《认清资产阶级思想的反
动性》和于光远的《明确对资产阶级思想的认识，彻底批判资产阶级
思想》，对民族资产阶级在新民主主义革命和建设中的进步作用，不
加分析，一笔抹杀。

《学习》杂志发表的文章及其主要观点

作者及题目	期别	主要观点
杨耳：《只有马克思列宁主义才能领导资产阶级的思想改造》	1952 年第 1 期	要用无产阶级思想来"根本否定"资产阶级思想
吴江：《论民族资产阶级的"积极性"》	1952 年第 2 期	要严格区分资产阶级与工人阶级的积极性，资产阶级在新民主主义革命中的积极性具有欺骗性
于光远：《明确对资产阶级思想的认识，彻底批判资产阶级思想》	1952 年第 3 期	资产阶级思想一贯反动，要用马列主义来改造资产阶级分子
艾思奇：《认清资产阶级思想的反动性》	1952 年第 3 期	资产阶级思想的两面性说明了其思想完全反动，没有任何进步性

中央宣传部的机关刊物《学习》杂志连篇累牍地"炮轰"资产阶
级及其思想，不可避免地引起民主党派以及各地民主人士，包括上层
资产阶级和小资产阶级代表人物的恐慌，他们问发表这几篇文章是否
表明中国共产党对民族资本主义的政策变了，这个情况在统战部办的
内部刊物《零讯》上反映出来了。资本家的这一疑问反映到毛泽东那
里之后，引起党中央和毛泽东的极大不满。据于光远（时为中宣部政
治教育处的主要负责人）回忆，《学习》杂志第 3 期出版后没几天，
陈伯达（当时担任中宣部副部长、毛泽东的秘书）把他找去并告诉

他，这几篇文章在实践中造成了混乱，陈批评于的言辞相当激烈。①

　　陈伯达还转达于光远："毛主席认为上海《解放日报》上发表的华东局宣传部副部长冯定的文章基本上是正确的。""作为一种补救措施，毛主席要你们在下期杂志上就转载这篇文章，当然你们也要进行检讨，向读者交代，而最急迫的事是尽快发表冯定的文章，表明这两期发表的文章并非党的政策有了变化，由《学习》杂志自己出来用行动纠正错误，挽回不好的影响。"②

　　这时，《学习》杂志的相关人员感到事态严重。为了纠正这一错误，中宣部随即召开了文教宣传单位负责人参加的讨论会。3 月 29日，中宣部部长陆定一根据讨论结果向党中央作了《关于〈学习〉杂志错误的检讨》，他承认《学习》杂志在这一时期发表的文章存在严重的错误："在'三反'和'五反'运动中，在一部分干部和群众中产生了一种'左'的情绪。《学习》杂志的上述各文，集中地表现了在对待资产阶级的问题上的幼稚的、否定一切的'左'的情绪。这些同志的文章没有根据党中央的政策，对所讨论的问题认真进行具体分析，而是纯粹从自己抽象的臆想出发，进行毫无内容而完全违背逻辑和完全违背马克思主义常识的推断，因此，这些文章并不理直气壮，在实际上没有批判到什么，而且转而使自己陷于被动的地位。"③ 陆定一坦承，《学习》杂志是中央宣传部的理论宣传处编辑的刊物，连续地发表违反党的路线的文章，实在是个严重的教训，是严重的无组织无纪律的行为，并"请求中央给我和在这事件中应负责任的同志以应得的处分"④。4 月 4 日，中共中央向全国党政军机关批转了中宣部的检讨，并指示："将中央宣传部这个检讨文件发给各级党委。望各级党委组织宣传文教工作人员予以讨论，并可在党刊上登载。"⑤

　　① 于光远：《〈学习〉杂志错误事件》，《百年潮》2000 年第 10 期，第 41 页。

　　② 同上。

　　③ 中共中央文献研究室编：《建国以来重要文献选编》第 3 册，中央文献出版社 1992 年版，第 146 页。

　　④ 同上书，第 147 页。

　　⑤ 于光远：《〈学习〉杂志错误事件》，《百年潮》2000 年第 10 期，第 144 页。

　　为了尽快消除这些文章所造成的不良影响，毛泽东敦促《学习》杂志在第 4 期转载冯定的文章，还亲自对题目等做了改动。这一文章最后以《关于掌握中国资产阶级的性格并和中国资产阶级的错误思想进行斗争的问题》为题目，很快就在《学习》杂志第 4 期转载了。在转载的时候，《学习》杂志编辑部还加写了这么一段话："《学习》杂志本年第一、二、三期内，有些同志的文章，在关于资产阶级的问题上，犯有片面性的错误。冯定同志这篇文章曾发表在《上海解放日报》，我们认为这篇文章的观点基本上是正确的，现在转载在这里。在转载时，《学习》杂志编辑部对于原文的个别地方，作了修改。"① 同时，杂志还对外表明，第 1—3 期所发表的那几篇文章并不代表党中央或党中央宣传部的观点。② 同期还刊载了毛泽东的《矛盾论》和一篇编辑部的文章——《学习〈矛盾论〉，克服教条主义与党八股的作风》。《学习》杂志第 5 期发表了胡绳（分工联系政治教育处的副秘书长）、于光远等署名的检查——《我们的检讨》，同时还在同期的"读者来信"专栏里编发了一组读者对于该刊物在资产阶级问题上所犯错误的批判。

　　在"三反""五反"运动中，《学习》杂志事件并非一个重大事件，但以后仍时常以不同的方式被人们提及。③ 1952 年 3 月，毛泽东在修改统战部的一个指示时加上了这样一段话："在允许资产阶级和小资产阶级存在的时期内，不允许资产阶级和小资产阶级有自己的立场和思想，这种想法是脱离马克思主义的，是一种幼稚可笑的思想。在三反和五反中，我党已有些党员产生了这种错误思想，应予

---

　　① 冯定：《关于掌握中国资产阶级的性格并和中国资产阶级的错误思想进行斗争的问题》，《学习》1952 年第 4 期，第 20 页。

　　② 于光远：《〈学习〉杂志错误事件》，《百年潮》2000 年第 10 期，第 42 页。

　　③ 学术界经常提到这一事件，比如杨奎松《建国前后中共对资产阶级政策的演变》，《近代史研究》2006 年第 2 期；谢泳：《延安知识分子在新意识形态建立中的角色》，北京大学中国国情研究中心编：《中国研究》2001 年第 7 期，中国研究中心出版。

纠正。"① 于光远认为这最后一段话,指的就是《学习》杂志上所发表的几篇文章。② 同年9月,毛泽东在给黄炎培的信中则明确提道:"在现阶段,允许资产阶级存在,但须经营有益于国家人民的事业,不犯'五毒',这就是工人阶级对资产阶级的领导,也就是共同纲领所规定的。……超过这个限度,而要求资产阶级接受工人阶级的思想,或者说,不许资产阶级想剥削赚钱的事情,只许他们和工人一样想'没有劳动就没有生活'的事情,只想社会主义,不想资本主义,那是不可能的,也是不应该的。今年上半年北京的《学习》杂志上有些写文章的同志曾经提出了这样的意见,我们已叫他们作了更正。"③

(二) 政策大局

《学习》杂志事件一再被学术界和政界提起,表明这不是一个简单的小事件。人们可以从中透析出中国共产党对待资产阶级的态度,中国社会发展的走向,体现了中国共产党在"三反""五反"运动中对待资产阶级的政策蕴涵。

第一,利用和限制资产阶级。

新中国成立以后,中国共产党对资产阶级采取的是利用和限制的政策,这是在准确把握国情和资产阶级特点的基础上提出来的。

1949年,私营工业(不包括个体手工业)占全部工业固定资产的17.8%,但其产值却占工业总产值的48.7%;1952年私营工业占全部工业固定资产的14.8%,但其产值仍占工业总产值的30.7%。④ 这一

① 中共中央文献研究室编:《建国以来毛泽东文稿》第3册,中央文献出版社1989年版,第361—362页。

② 于光远:《〈学习〉杂志错误事件》,《百年潮》2000年第10期,第43页。

③ 中共中央文献研究室编:《建国以来毛泽东文稿》第3册,中央文献出版社1989年版,第533—534页。

④ 中华人民共和国国家经济贸易委员会编:《中国工业五十年(第2部)》下卷,中国经济出版社2000年版,第1785页。

时期，私人资本主义经济在恢复国民经济、促进劳动人口就业、培养技术人员等方面都发挥了积极的作用。然而，私人资本主义经济的消极方面也是不可忽视的。私营经济的生产具有很强的盲目性，这同国家有计划地发展国民经济是相冲突的；它还具有很大的投机性，特别是资本主义商业的投机性更为明显，常常扰乱市场，影响物价的稳定，破坏社会的经济秩序和国民经济的正常发展；此外，由于私人资本主义企业生产经营的直接目的是最大限度地榨取剩余价值，因而，资本家千方百计地延长劳动时间和提高劳动强度，使得劳资双方矛盾尖锐、关系紧张，不利于调动劳动者的生产积极性。

因此，这一时期党对资产阶级采取既利用又限制的政策。所谓利用，就是允许资本主义经济存在，并且使其中一切有利于国计民生的部分有所发展。在这个时期内，在优先发展国营经济的前提下，"公私兼顾、劳资两利"。政府在原料分配、产品销售和其他方面对资本主义经济给予适当的照顾，使资本主义经济得到一定的发展。所谓限制，就是限制资本主义经济不利于国计民生的消极面。国家通过劳动保护政策、价格政策、税收政策和管理企业盈余的分配等，把资本主义的剥削限制在一定范围内；同时通过控制原料、商品货源和市场，以及管理资本主义工商业的开歇业和活动范围，取缔资本家的违法行为等办法，限制资本主义经济的生产投机性。利用和限制政策是不可分割的。只有对资产阶级进行必要的限制，才有可能很好地利用它的积极性。

具有临时宪法性质的《中国人民政治协商会议共同纲领》（以下简称《共同纲领》）对此明确规定："凡有利于国计民生的私营经济事业，人民政府应鼓励其经营的积极性，并扶助其发展。"[1] 但是，必须明确的是，"新民主主义五种经济的构成中，国营经济是领导的成分"[2]。在政治上赋予资产阶级一定的地位，"中国人民民主专政是中

---

[1] 中共中央文献研究室编：《建国以来重要文献选编》第 1 册，中央文献出版社 1992 年版，第 8 页。

[2] 同上书，第 18 页。

国工人阶级、农民阶级、小资产阶级、民族资产阶级及其他爱国民主分子的人民民主统一战线的政权",同时又明确规定:这一政权"以工农联盟为基础,以工人阶级为领导"①。

对于《共同纲领》所规定的界限,周恩来明确地解释道:"中国民族资产阶级参加人民民主统一战线的政权,是承认了这个政权以工农联盟为基础、以工人阶级及其政党中国共产党为领导的,私人资本主义经济的存在和发展,是要在国家经济领导之下的。……第一,不能孤立地讲公私兼顾,而一定要在服从国家经济领导下讲公私兼顾,就是说,要在符合全国最大多数人民的最高的和长远的利益下照顾私人利益。第二,不能抽象地讲劳资两利,而一定要在承认工人阶级领导的前提下讲劳资两利,以达到发展生产、繁荣经济之目的。第三,不能倡导盲目生产,而一定要逐步实现国家生产总计划的领导。无论公与私,城与乡,中央与地方,大公与小公,都必须纳入计划。……人民政府所保护和欢迎的是那些拥护《共同纲领》、服从政府法令的工商业家,而不是那些不受领导和限制而想自由发展、盲目生产、贪图暴利的工商业家。"②

因此,根据各个不同发展阶段的形势以及资产阶级的不同表现,党在处理与资产阶级关系时的侧重点也有所不同。当资产阶级在《共同纲领》所规定的范围内活动的时候,共产党保护并扶助其发展;而当其突破《共同纲领》的规定,对国家经济和政治生活造成威胁与破坏时,共产党必然要对其进行打击。新中国成立前夕和初期,共产党为了打击投机资本、平抑物价,相继组织开展了同资产阶级斗争的两大"战役",即"银元之战"和"米棉之战",随后又开始扶持工商业,发挥其促进经济复苏的进步作用。"三反""五反"运动则是由人民政府发动的第一次大规模抵制资产阶级腐蚀和打击其不法行径的群众运动。

---

① 中共中央文献研究室编:《建国以来重要文献选编》第 1 册,中央文献出版社 1992 年版,第 1 页。

② 《周恩来选集》下卷,人民出版社 1984 年版,第 82—83 页。

党中央在处理同资产阶级的关系时是非常慎重的，坚持按照《共同纲领》的要求，对资产阶级实行既团结又斗争的政策。一方面，要广泛发动人民群众，给资产阶级三年以来"对于我党的猖狂进攻（这种进攻比战争还要危险和严重）以一个坚决的反攻，给以重大的打击"[①]；另一方面，又强调"打击要适可而止，不能走得太远"[②]。

对此，周恩来说得非常全面，在同资产阶级的关系方面，"如果只说交朋友，'五反'斗争就会轻轻过去，将来'五毒'又会严重起来，又要进行'五反'。反过来，如果只说阶级矛盾、思想矛盾、对立、限制，现在就要把资产阶级打倒，就会发生'左'倾。因此，应该全面地说。现在反对他们的'五毒'，联合与改造他们，都是为了将来便于和平转变到社会主义，为消灭资产阶级准备条件。这是很辩证的。从事统一战线的同志，一定要非常坚决又非常稳当地掌握方针政策"[③]。因此，这场打击并不是要消灭资产阶级，相反，斗争是为了团结，共产党没有放弃对资产阶级的教育，他们力图通过这种斗争将其拉回《共同纲领》的轨道，继续进行经济建设。因而，这种回击又限定在一定的范围内。

第二，团结多数，孤立少数。

发动对资产阶级的严厉打击是不是要改变对资产阶级的政策，将资产阶级消灭呢？当然不是。对此，毛泽东明确地说："这不是对资产阶级的政策的改变，目前还是搞新民主主义，不是社会主义；是削弱资产阶级，不是要消灭资产阶级；是要打它几个月，打痛了再拉，不是一直打下去，都打垮。"[④] 因此，这次运动是"在团结的要求上反

---

① 中共中央文献研究室编：《建国以来毛泽东文稿》第3册，中央文献出版社1989年版，第21页。

② 薄一波：《若干重大决策与事件的回顾》上卷，中共中央党校出版社1991年版，第176页。

③ 《周恩来选集》下卷，人民出版社1984年版，第96—97页。

④ 薄一波：《若干重大决策与事件的回顾》上卷，中共中央党校出版社1991年版，第167页。

'五毒'，反'五毒'也是为了团结"①。在运动的指导上，毛泽东一再强调要按照《共同纲领》办事，要掌握一条政策界限，就是违法不违法。"违法不违法，对资产阶级是一个政治标准。"② 资产阶级在《共同纲领》范围内的发展，是合法的；离开了这个范围，就是不合法。

　　这就明确地说明，斗争的矛头并不是指向所有的资本家，而是那些违法的资本家。然而，尽管斗争的对象只是不法资本家，但运动所涉及的面还是比较广的，因为绝大多数的私营工商户都有不同程度的违法行为。据统计，北京、上海、天津、武汉、广州、重庆、西安、沈阳八大城市审查过的私人工商业中，犯有不同程度"五毒"行为的竟占总户数的76%。③ 如果按照实际情况将他们一一处罚，那么，团结资本家的政策将会落空；而且这势必会造成打击面过大、人人自危的局面，也将给社会带来较大的动荡，给国家的政治、经济生活等方面造成负面的影响。因此，团结谁？打击谁？谁先之？谁后之？这是一个需要慎重考虑的问题，并将关系到运动的成败。为了使运动顺利开展，北京市人民政府根据"过去从宽，将来从严；多数从宽，少数从严；坦白从宽，抗拒从严；工业从宽，商业从严"④ 的原则，结合当时的政治、经济形势，综合资本家的违法情节、违法所得数目、政治态度以及在运动中的表现等，在"五反"运动中将资本家分为守法户、基本守法户、半守法半违法户、严重违法户和完全违法户（即：极严重违法户）五类并分别进行处理。分类的基本标准是"有无违法行为及其违法行为的轻重大小，违法性质的恶劣程度"和"违法工商

　　① 中共中央统一战线工作部等编：《周恩来统一战线文选》，人民出版社1984年版，第235页。

　　② 中共中央文献研究室编：《建国以来重要文献选编》第3册，中央文献出版社1992年版，第167页。

　　③ 中共中央文献研究室编：《关于建国以来党的若干历史问题的决议注释本》，人民出版社1983年版，第210页。

　　④ 中共中央文献研究室编：《建国以来毛泽东文稿》第3册，中央文献出版社1989年版，第98页。

户在五反运动中是采取坦白悔改的态度还是采取拒不坦白怙恶不悛的态度"①。这一报告得到党中央的肯定，认为它体现了"严肃与宽大相结合、改造与惩治相结合的方针"②。3 月 5 日，党中央批准了这一报告，并要求"各地党委所订处理标准和办法与此有出入者，照此修改之。各地如因特殊情况须作若干改变者应报中央批准"③。

和以前的四类分类法（即守法户、半守法半违法户、严重违法户、完全违法户）相比较，该分类标准将工商户增为五类，即，将守法户这一类扩展为守法户和基本守法户两类，其他三类不变。对于这一改动，彭真在报告中解释道："这样的划分，更合理些，可以避免在具体处理时发生偏差。"④毛泽东充分肯定了这一举措，认为"将完全守法户和有些小问题的基本守法户分开，又将基本守法户中偷税漏税 100 万元以下的和偷税漏税 200 万元以下的分别对待，即 100 万元以下者，指出错误，免予补税，200 万元以下者，指出错误，免其 100 万元的数目，补其 100 万元以上的数目，这样做，可能发生很大的教育作用"⑤。当然，由于各大城市的经济水平不一致，因此，在制定分类的依据时候，又相应地作了灵活处理。例如上海就放宽了尺度，规定凡违法利得在 1000 万元以下并彻底坦白交代者，仍然算作基本守法户。

3 月 12 日，党中央又发了一个关于"五反"分类标准的补充通知。按照"团结多数、孤立少数"的策略，党中央参考了北京市的分

---

① 彭真：《在政务院会议上的报告》，转引自中共中央党校党史教研室选编《中共党史参考资料》（七），人民出版社 1979 年版，第 179 页。

② 中共中央文献研究室编：《周恩来年谱（1949—1976）》上卷，中央文献出版社 1989 年版，第 224 页。

③ 中共中央文献研究室编：《建国以来重要文献选编》第 3 册，中央文献出版社 1992 年版，第 98 页。

④ 彭真：《在政务院会议上的报告》，转引自中共中央党校党史教研室选编《中共党史参考资料》（七），人民出版社 1979 年版，第 177 页。

⑤ 中共中央文献研究室编：《建国以来毛泽东文稿》第 3 册，中央文献出版社 1989 年版，第 100 页。

<<<

类标准，制定出资本家分类的大体比例。在全国各大城市中，守法户占 10% 左右，基本守法户占 60% 左右，这两类是团结的对象。半守法半违法户占 25% 左右，这类是争取的对象。这三类加起来，人民政府就团结并争取了工商业户的 95% 左右，这就使得打击面缩小到了占 5% 左右的第四、第五类。第四类（即严重违法户）占 4% 左右，而第五类完全违法户占 1% 左右。对于完全违法户，根据罪行轻重，又分三类进行处理。第一类，补税、退财、罚款但不判刑；第二类，补税、退财、罚款、捉人判刑但不没收财产。这类人数只占 0.5% 左右；第三类，判处死刑，没收财产。这类只是极少数。即使如此，中央还强调逮捕 0.5% 左右的不法资本家，也要只捕非捕不可的，可捕可不捕和可以缓捕的要不捕或暂不捕。此外，对要逮捕的资本家，党中央还明确规定了三个基本条件：第一，完全违法；第二，抗拒运动；第三，在资本家中人缘不好。所谓"人缘不好"，就是在多数资本家看来他是不正派的。这一条件非常重要。因为，如果只有前两个条件而没有"人缘不好"这一条件，那么，逮捕那些人缘较好的违法资本家必定不得人心，使自己被动。① 党中央对"五反"运动中杀人数字严格加以控制，对死刑判决极其慎重。根据华北、东北、华东、西北、中南五大区 67 个城市和西南全区的统计，中央批准判处死刑者 14 名，判处死刑缓期执行者 5 名，共 19 名，占判刑总数的 1.26%。② 这样就达到了杀人少，警示作用明显的良好效果。

根据党中央的规定，各地采取了三审定案的方式，即资本家自报公评、工人店员集体审定和政府批准三道手续，将资本家进行分类处理。毛泽东对各地区的分类情况极为关注。1952 年 3 月 11 日，在看到西北局关于开展"五反"的报告后，他充分肯定其部署和策略，同时，针对其工商户分类的比例询问道："西安守法户和基本守法户合计只占百分之四十，似不合实际。在北京，这两部分共占百分之七十

———————

① 中共中央文献研究室编：《建国以来毛泽东文稿》第 3 册，中央文献出版社 1989 年版，第 102—104 页。

② 中共中央文献研究室编：《建国以来毛泽东文稿》第 3 册，中央文献出版社 1992 年版，第 390 页。

以上，为什么西安的比例这样少，请再加调查研究。"① 3 月 13 日，毛泽东看到薄一波从上海发来的关于上海工商户的分类情况的报告，发现第二类（即基本守法户）为 36.8%，第三类（即半守法半违法户）占 44.2%。他认为，第三类的比例划得太大了，要求周恩来跟薄一波研究一下，能否将第二类增加，把第三类向第二类移过来一部分。② 3 月 16 日，在给上海市委的电报中说道："你们的计划很好。惟五反计划中我们希望从第三类移一部分到第二类，对坚决保护和一般保护的资本家数目能增加一些就好，望酌情处理。"③

由此可以看出，尽量扩大争取、团结和保护的工商户人数，最大限度地孤立和打击极少数的严重违法资本家的策略是很明显的，在实际工作中，其教育意义也非常大。在 3 月 17 日党中央转发的西安市《关于处理守法户和基本守法户》的报告中，列举了资本家欣喜万分的表现："被宣布的这些工商户，已'完全把心放下'，'喊一声毛主席万岁'，'给毛主席磕一千个头'，'再不敢欺骗政府了'！"④ 山西省委结束小城镇"五反"运动的工作总结中也记录了一些私营工商业者的心理感受，他们表示"今后要好好从事正当经营，再不敢犯'五毒'了！"认为"政府宽大为怀，我们做事太坏！"他们也从根本上认识到"'五反'不是要钱，而是改造思想"⑤。

可见，这种处理方式确实团结并教育了大多数资本家。这对于改造他们，使其从事正当的经营并拥护人民政权是很有积极作用的。

第三，注意维持经济生活的正常运行。

"五反"运动要打击资产阶级，但是，毛泽东认为："要适可而

---

① 中共中央文献研究室编：《建国以来毛泽东文稿》第 3 册，中央文献出版社 1989 年版，第 330 页。

② 同上书，第 334 页。

③ 同上书，第 337 页。

④ 河北省档案馆 888—2—1，转引自何永红《"五反"运动研究》，中共党史出版社 2006 年版，第 120 页。

⑤ 中共山西省委统战部、中共山西省委党史研究室编：《中国资本主义工商业的社会主义改造》（山西卷），人民出版社 1992 年版，第 96 页。

止，不能走得太远；走得太远，就要发生问题。"① 他之所以这样考虑的重要原因之一是要将"五反"运动与经济工作相结合，尽量保证经济工作的顺利进行。

1952 年年初，"三反"运动逐渐进入高潮，"五反"运动则在许多城市中逐步开展起来，这两个运动的牵涉面很广。由于初期没有充分注意运动与生产的统一安排，曾一度出现了运动压生产的倾向，国营企业不能正常地生产和经营；另一方面，运动给社会制造了紧张气氛。资本家惶恐不安，私营企业生产下降，市场萧条，税收减少，失业工人也大量增多，许多基本建设项目纷纷推迟。这种情况在许多城市都有不同程度的表现。

比较早反映这些情况的是天津市委。他们在 1952 年 2 月 14 日给毛泽东、党中央、华北局、中财委并彭真的报告中说：自"三反"以来，内外交流、城乡交流停滞，对天津经济已经发生重大影响。批发商业成交较前减少了一半；银行不贷款，银根很紧；私人不买货，也无心卖货；工业生产开始下降；税收显著减少。一部分直接受到影响的劳动人民已经在叫苦。如果不采取措施，经济上的萎缩现象还会发展下去，时间一长，则元气损伤很大。报告认为，必须兼顾经济工作。这份报告引起了党中央的高度重视。2 月 15 日，党中央发出指示，要求"各城市市委市政府均应于开展三反和五反斗争的同时，注意维持经济生活的正常进行，如果在一个短时间内出现了不正常状态，亦应迅速恢复正常状态"②。

同样的问题在其他地区也有所表现。2 月 22 日，邓小平（时任中共中央西南局第一书记）给毛泽东、党中央并陈云、薄一波、李富春的电报中提到，"三反""五反"运动开展以后，西南地区工商业表现出暂时、显著的停滞现象，贸易额大大缩小，税收大幅度下降，许多私营工厂无事可做，工商业的停滞造成工人失业，也使得城市贫民的

---

① 薄一波：《若干重大决策与事件的回顾》上卷，中共中央党校出版社 1991 年版，第 176 页。

② 中共中央文献研究室编：《建国以来毛泽东文稿》第 3 册，中央文献出版社 1989 年版，第 212 页。

生活受到影响，重庆一区有 2 万人（占该地区人口的 1/3）到了无食品或缺食品的地步，他们对"三反""五反"运动开始表示不满。特务亦借此兴风作浪。邓小平建议中央采取紧急措施，从恢复部分建筑业和私营工业的加工订货入手，启动市场，减少失业工人，缓解城市贫民的困难。这个意见同党中央的考虑不谋而合，毛泽东回电表示同意，并要求"各中央局严重地注意解决邓小平同志电报所提出的那些同样的问题"①。

以上这些情况表明，在大城市中搞"五反"运动，开展同资产阶级违法行为的斗争，往往是"牵一发而动全身"，对社会的影响和震动非常大，尤其是对经济的冲击更大。对此，毛泽东在给各地区的回电中更加明确地指出要将政治斗争与经济发展相结合。3 月 3 日，叶剑英（时任中央华南分局第一书记等职务）来电反映广州的情况，3 月 7 日，毛泽东回电指示："严格掌握广州五反，不使引起混乱，某些陷于停顿的经济活动，应大力注意恢复。"② 3 月 29 日，毛泽东在党中央转发薄一波关于上海市"五反"策略和部署的报告时以更加明确而坚决的口气说道："尤其不误生产，极为重要，各城市凡误生产者，均应立即改变做法。"③

为了保证经济的正常运行，党中央适时采取措施，调整了"五反"部署。提出要适当缩短持续的时间，实行更加稳妥、谨慎的步骤。最初，党中央提出"全国各大城市（包括各省城）在二月上旬均应进入'五反'战斗"④，后来，鉴于经济生活陷入了不正常状态，党中央及时调整了这一步骤并提出，在资本家最集中的上海"要三月上旬才能正式大规模发动五反斗争"，因为"上海迟一点发动五反对整个经济有利"⑤。对"县区乡的某些违法资本家中的五反，目前一律不

① 中共中央文献研究室编：《建国以来毛泽东文稿》第 3 册，中央文献出版社 1989 年版，第 324 页。
② 同上书，第 325 页。
③ 同上书，第 365 页。
④ 同上书，第 54 页。
⑤ 同上书，第 248 页。

要进行。已进行者，一律停止。将来何时进行及如何进行，中央将根据情况另行通知"①。大城市和中等城市的"五反"要分步骤进行。"例如河北省境内，第一步，在北京天津两个大城市开展五反，这是由中央直接领导的，三月十号以前可以基本上解决问题。第二步，在唐山、石家庄、秦皇岛、保定四个大城市和中等城市开展五反，这是由华北局和河北省委领导的。他们计划在第三步开展通县、泊头、辛集、杨柳青、沧海、邢台、邯郸、汉沽、临清、胜芳等十个城镇中的五反，这是次于上列'四市'的'十镇'，也是中等城市，待'四市'取得经验以后再行开展'十镇'的五反，由省委和地委领导。对一般县城则坚决停止，以后再说。"② 总之，"五反"运动要做到群众拥护，市场繁荣，生产有望，税收增加。

最令资本家感到紧张的是清退违法收入和补足偷漏税款等问题。党中央强调，发动"五反"运动，"主要不是为了搞几个钱，而是为了改造社会"③。然而，在定案时，有的地方不切实际，将"五毒"账算得过高。陈云对此作了一个很形象的比喻："现在我们算资本家的'五毒'账，是不是算多了一点，是否有点像在农村曾经有过的那种苛刻算法：一只老母鸡下了很多蛋，蛋又孵了鸡，鸡里面又有多少公鸡多少母鸡，母鸡又下了多少蛋，蛋又孵了多少鸡……"④ 这种情况，将"五毒"账算得太多，不仅站不住脚，而且也还会把真正的"五毒"放过去，也会冲淡"五反"运动的意义所在。针对此情况，党中央批评了在定案处理过程中只顾眼前，要求多罚、多补、多搞公私合营的错误观念和行为，认为这"严重地忽略了今天继续团结和改造资本家进行生产使工人不致失业的重要意义"⑤。党中央还要求在定案时

① 中共中央文献研究室编：《建国以来毛泽东文稿》第 3 册，中央文献出版社 1989 年版，第 259 页。

② 同上书，第 266 页。

③ 中共中央文献研究室编：《建国以来重要文献选编》第 3 册，第 180 页。

④ 《陈云文选（1949—1956）》，人民出版社 1984 年版，第 172 页。

⑤ 中共中央文献研究室编：《建国以来重要文献选编》第 3 册，中央文献出版社 1992 年版，第 183 页。

要做到实事求是，合情合理。既要对揭露出来的资本家的违法行为进行严肃的处理，又要敢于把计算过高的资本家违法所得数目核减下来，"必须使一般资本家在补退之后还有盈余"①。这样，"我们就能在政治上和经济上完全取得主动，而使经济恢复和发展，使资本家重新靠拢我们，恢复经营积极性，使工人不致失业"②。

这种实事求是的定案具有很大的意义。薄一波回京报告说，出乎资本家意料之外的宽大处理，使他们很高兴。上海协大祥和绸布店的老板回忆说，刚开始的时候他急于蒙混过关，就胡乱交代了不合实际情况的退赔数字 90 亿元。想不到运动后期，市增产节约委员会核实退赔数字，仅是其交代的 1/5，共 18 亿元，并将其评定为半守法半违法户。"这使我非常激动，开始感到共产党实事求是，不是为了要钱，而是帮助我们消除五毒，更好地为国计民生服务。"③ 由于各地坚持实事求是的做法，而且允许资本家申诉和进行复查，工作做得较为稳妥，资本家也较满意。

根据"斗争从严、处理从宽，应当严者严之，应当宽者宽之"④的处理原则，人民政府对资本家所得予以从宽核减，并实行"先活后收""先税后补"。即，首先使私营工商业能够继续经营下去，然后再收款；再收款时先收税，后退补，一时无法退补者，可以分期偿还。例如，工商户退款时间可以延至 1952 年冬季以后开始，并且可以以其他方式代替退款。从各地收缴退补罚款的情况看，时间拖得很长，有的延续到 1954 年甚至 1955 年。有的采取旺季多退，淡季少退的方式，退款除退现金以外，可以用公债、股票、房屋等折抵。对于已列入了

① 中共中央文献研究室编：《建国以来毛泽东文稿》第 3 册，中央文献出版社 1989 年版，第 439 页。

② 同上书，第 439—440 页。

③ 孙照明：《百年老店获新生》，《统战工作史料》第 2 辑，上海人民出版社 1983 年版，第 198 页。转引自俞润生《黄炎培与中国民主建国会》，广东人民出版社 2004 年版，第 163—164 页。

④ 中共中央文献研究室编：《建国以来重要文献选编》第 3 册，中央文献出版社 1992 年版，第 183 页。

公私合营计划的工厂，还可以把退补罚款转为公股来处理。1954年各地根据党中央的指示，对那些已经确实无力退补的中小户以及部分已经破产、歇业无力退补的大户给予减免。1959年国务院第八办公室要求各地在当年年底宣布结束处理包括退补罚款在内的"五反"遗留问题时，又一次对无力退补罚款的困难户给予减免，同时，对于已经决定实行公私合营的工厂，其退补罚款额大于或相近于企业资产者，还酌留一定比例（5%—10%）的资产作为私股后，予以减免。① 为了扶持资本主义工商业，人民政府还扩大对私营工业的加工订货和收购。中央贸易部督促各地贸易机关重新审查新签订的加工订货合同，正确核算成本，保证私营工厂获得它应有的利润，在正常情况下每年可以获得10%—30%的利润。这种方式对于团结资本家进行生产是很有积极作用的。

　　在"五反"运动中，由于发动职工揭露资本家的"五毒"行为，强调了工人阶级的领导地位，这就逐渐引出了工人是否应该监督企业生产经营的问题。在运动中，各地基本上都肯定了私营企业中工人的监督权，一般是通过工会或成立监督小组或监督管理委员会来执行，这大大地鼓舞了广大职工的革命热情和责任感并培养了其主人翁意识。然而，这种情绪发展过猛，就出现了"左"的倾向。4月24日，刘澜涛（时任中央华北局第三书记、政务院华北行政委员会主任）在向刘少奇并中央的报告中说到，根据北京、天津、唐山四个私营工厂实行监督的典型材料和一般情况而言，已经出现了一些问题。主要是工人监督得太广、太严，干涉太多，有的甚至将资本家的商店拿过来，把监督做成了管理，要求资本家同样劳动，按劳评资，这大大加深了资本家的动摇情绪。鉴于工人监督生产和经营条件尚不够成熟，党中央决定："工人监督生产一事，势在必行，但不宜行得太急，中央同意目前只在少数厂店举行典型试验，待资本家喘过气来，到秋季或冬季再行逐步推广。"同时还规定，"工人福利问题，必须解决，

---

　　① 李定主编：《中国资本主义工商业的社会主义改造》，人民出版社1978年版，第101页。

但又必须解决得合乎实际的经济情况，不能太低，但又决不可太高，致陷自己于被动"①。

总之，"五反"运动中，共产党以高超的领导艺术把政治斗争和经济发展结合起来，既扑灭了不法资产阶级的嚣张气焰，又保证了经济的稳定和发展。良好的经济形势又促使工人的工资、福利得到了保证，使工人更加意识到"五反"运动的重要性；面对日益发展的企业，资本家也不禁感叹共产党的伟大。

① 中共中央文献研究室编：《建国以来毛泽东文稿》第 3 册，中央文献出版社 1989 年版，第 440 页。

四

率先垂范，廉洁奉公

美国学者莫里斯·迈斯纳认为，在"文化大革命"及以前的时期，中国官僚阶层的腐败之所以不特别严重，与毛泽东的人格魅力有密切关系。[①] 新中国成立后，中国共产党能够警惕腐化，与腐败作斗争，保持廉洁的党风政风和社会风气，与毛泽东等老一辈无产阶级革命家以身作则，继续地保持谦虚、谨慎、不骄、不躁的作风，继续地保持艰苦奋斗的作风有关。

（一）财产工资

20世纪50年代，中国共产党党政干部的工资收入分配由供给制向职务工资制度转变。在其他收入来源较少的情况下，定级定薪牵扯到每个干部和家庭的切身利益。共和国的缔造者毛泽东、周恩来、朱德、刘少奇在定职、定级、定衔、定薪时，展示了无产阶级革命家的

---

① 参见莫里斯·迈斯纳《毛泽东的中国及后毛泽东的中国》下册，四川人民出版社1989年版，第331—332页。

高风亮节。

　　新中国成立后，干部工资几经调整，呈现几个特点：第一，降低国家机关领导干部的工资标准，缩小最高工资与其他工资标准的差别，工资越高，降幅越大。第二，党内外有别，降低党员干部尤其是党员高级干部的工资，不降低党外干部和技术业务人员的工资。第三，在降低机关党员干部工资时，适当提高一线体力劳动者的工资。

　　几经调低，为共和国鞠躬尽瘁的领导人的工资情况如何呢？

　　1960 年 10 月后，毛泽东、刘少奇、周恩来、朱德老一辈无产阶级革命家的工资已经降低了 4 次，工资降为 404.80 元，一直到他们去世，再没有提高自己的工资。开支大体有这样几项：伙食费、党费、房租费、订阅报纸费、零用费（购买生活用品）。特别开支项目有补助亲属和工作人员、捐赠费等。

　　1968 年 1 月毛泽东家庭生活收支详细账表明，1967 年 12 月和 1968 年 1 月的党费共 40 元。1963 年 5 月中旬，王光美曾经给工作人员一个开支单子，要求刘少奇和王光美的党费每月交 25 元（当时刘少奇每月交 20 元党费，王光美为 5 元）。周恩来和邓颖超没有亲生子女，经常把剩余的钱拿出一部分来补助他人，积蓄够 5000 元后就交党费。周恩来去世后，留下不到 5000 元，都交了党费。按照规定可以领到 6 个月的抚恤金，邓颖超一分也没要。① 这以后，邓颖超个人还交过 3000 元党费。1992 年，邓颖超去世后，工作人员遵照她的嘱托，把她所有的积蓄，包括已购买的国库券 550 元，共计 11146.95 元，全部交了党费。元帅工资较高。1955 年我国实行军衔制，朱德为十大元帅之首，但是，老人家一直到逝世前，从来没有拿过元帅工资。朱德逝世后，康克清按照他生前的嘱托，全部交给了党组织。在中国人民革命军事博物馆西三楼展厅，陈列着一张 2 万余元的存款单。这是朱德同志 20 多年省吃俭用积蓄下来的钱。

　　周恩来 1976 年 1 月 8 日去世后，身边工作人员整理了周恩来和邓颖超两人的工资收入和支出账目。收入只有单一的工资和工资节余部

---

　　①　参见周秉德《我的伯父周恩来》，辽宁人民出版社 2000 年版，第 77 页。

分存入银行所得的利息，别无其他进账。而支出的项目比收入的项目要多一些，从有记载的 1958 年算起，截至 1976 年，周恩来和邓颖超两人 18 年间共收入工资 161442.00 元，平均每年 8969 元，月均收入是 747.4 元，此外再没有任何其他收入。在这 18 年的全部开支里面，周恩来用于补助亲属 36645.51 元，补助工作人员和好友共 10218.67 元，这两项支出占总收入的 1/4。

毛泽东一家的工资收入是 647.8 元，其中毛泽东的工资 404.8 元。毛泽东每季度亲自审阅账据，如动用稿费，需亲自审批。1968 年 1 月毛泽东家庭生活收支详细账表明，当月收入是：上月接转 14095.45 元（来自毛泽东的稿费）；毛泽东工资 404.8 元，江青工资 243 元。支出分为 6 项："月房租费 125.02 元；12 月、1 月党费 40 元；日用消费品 92.96 元；液化气 9.6 元；伙食费 659.13 元；送王季范、章士钊 4400 元。"①

有人说毛泽东的稿费有 1 亿多元，这是造谣。有权威人士澄清，毛泽东稿费全部由中央特别会计室保管，有 100 多万元。毛泽东的稿费开支项目有以下几项：

一是购书。毛泽东的稿费，他自己动用的，每年不到 1 万元。稿费的一部分，用来给毛泽东买书。他晚年视力不行了，他看的书都要印成大字线装本。印书的钱，就从稿费中开支。

二是对早年支持帮助过他的人如王季范、章士钊的特别支出。王季范老先生曾教过毛泽东语文。早在共产党创建初期，时任国民政府教育总长的章士钊曾资助革命事业。毛泽东进城后的每年春节的前两三天，都要亲派秘书前往章士钊家送上从个人稿费中取出的 2000 元，年年如此，一直坚持到章老逝世。

三是支付调查研究的费用。毛泽东自己下去搞调查，人们只给他看好的，不给看坏的，他苦于了解不到真实情况。他组织人员搞调查研究，调查结果直送毛泽东，路费由毛泽东的稿费支出。

四是退赔身边的个别工作人员随便收礼物，多吃多占。

---

① 冯景元：《读毛泽东的家庭生活账》，《文摘报》2002 年 10 月 10 日第 1 版。

五是招待客人。由于工作关系，毛泽东常要留客人吃饭，除外宾外，他都是用稿费来招待客人。毛泽东请客，从来是四菜一汤。

六是家人用少量的钱。比如用来给他的前妻贺子珍买药。子女毛岸青、李敏、李讷每人曾分到八千元，以及一台彩电和一台电冰箱。

关于对毛泽东稿酬处理，毛泽东和党中央认为：毛泽东是属于全党的，毛泽东著作是全党集体智慧的结晶，毛泽东留下的稿酬不给江青和亲属。所以，毛泽东的稿酬不属于私产，毛泽东没有给子女们留下巨额财产，他留给子女和中国人民的是巨大的精神财富。

（二）穿戴朴素

珍惜物品，艰苦朴素，是毛泽东那一代共产党人的品格。了解和接触毛泽东的外国知名人士高度评价毛泽东的廉洁。西德基社盟主席弗朗茨·约瑟夫·施特劳斯见过毛泽东后说："疾病正在消耗他的体力，他的生活绝对简朴。"英国前首相爱德华·希思说："（我们）是在他的书房里会见的。那是一间陈设简朴的房间，周围摆满了书和他伏案批阅的文件。我之所以提到他个人的生活方式，是因为，毫无疑问，亿万中国人感到，他同他们过着同样的日常生活。"曾经写下《红星照耀中国》的美国记者埃德加·斯诺说："毛泽东的棕色皮鞋已经需要擦油了，一双纱袜松松地掉到了脚踝上。他的享受大致相当于长岛一个事业顺利的保险公司推销员在较好的牧场式平房里享受到的东西。"

2001年4月，毛泽东女儿李敏在《生活时报》上发表文章，回忆父亲的简朴生活：1949年进城以后，毛泽东依然保持着这种简朴的生活习惯。1949年的一天，毛泽东在香山双清别墅接待各民主党派的负责人、各界代表和知名人士。这其中就有知名的民主人士张澜先生。毛泽东穿着补丁衣服见了张澜先生，又穿着补丁衣服见了李济深、郭沫若、沈钧儒等知名人士。毛泽东一直不让给他做新衣服，直到准备

"十一"上天安门向全国人民、向全世界人民宣布中华人民共和国成立时，才让卫士找人为他做了一身新的中山装。① 据毛泽东身边的工作人员回忆，从1952年到1962年，毛泽东没有添过一件新衣服。他有两件睡衣，用三床白棉布缝制的棉被，缝补了多次也不肯换，一直用到去世。②

在毛泽东家负责毛泽东家庭财务工作的吴连登回忆：在主席的仓库里，最好的东西是他出访苏联时的大衣和帽子，那是他再高级不过的东西了，但是从出访回来就再没穿过。他的内衣好多都是缝缝补补的。主席有件睡衣打了73个补丁。主席有一件毛衣，还是在延安时织的，袖子短了，再接一块。主席的床是木板床，一半堆着书，他躺在床上办公，靠在背板上太硬，就垫着长征时的那条毛毯。

三年困难时期，毛泽东带头艰苦奋斗，不吃猪肉和鸡，出差自带行装。1961年，毛泽东因公到无锡，服务员去取毛泽东换下来的衣服洗涤，发现他的衬衣背上打着一条长长的补丁，领子、袖子也都补过。服务员忍不住悄悄问毛泽东身边的工作人员，为什么不给毛泽东添几件新衣服？毛泽东的卫士长回答说：他们早给毛泽东提过了，毛泽东不同意。

在工业基础薄弱的中国，属于工业产品的手表比较珍贵。老一辈革命家对手表极为珍惜。据有关人士回忆：1945年以前，主席没有手表，重庆谈判时，一下飞机，郭沫若看主席没有表，为了让主席掌握好谈判的时间，把自己的表给了主席。这块表一直用到1969年，越走越慢了，主席不得不让人拿去修理后再用。

在人们的印象中，共和国总理周恩来总是那样衣冠整洁，风度翩翩。殊不知，他与毛泽东一样，在衣着方面，也是尽量节俭，几乎到了苛刻的地步。他仅有的几套料子服装，大都穿了几十年，有的破损了，精心织补后继续穿。1963年，他出访亚非欧14国，到了开罗，

---

①　李敏：《我的父亲毛泽东之爸爸的简朴生活》，《生活时报》2001年4月17日、20日。

②　罗炎卿：《毛泽东对腐败深恶痛绝》，《党史文苑》1993年第6期。

换下缝补多次的衬衣，随行工作人员不便拿给外国宾馆去洗，只好请我驻埃及使馆的同志帮忙，并叮嘱洗时不要用力，以免搓破。大使夫人看到后，感动得边洗衣边流泪。

（三）拒收礼品

毛泽东不仅是党和国家领导人，还是一位著名的诗人、书法家，他收到过许多书画家、收藏家、艺术家朋友馈赠的诗书画印之类的文物，但他并未将这些珍玩国宝归为己有。他立下规矩：党和国家领导人所收礼品，一律缴公。1950 年 12 月 3 日，毛泽东亲笔致信当时的文物局局长郑振铎，将友人姚虞琴先生赠送的王夫之手迹《双鹤瑞舞赋》转交国家，"有姚虞琴先生经陈叔通先生转赠给我一件王船山手迹，据云此种手迹甚为稀有。今送至兄处，请为保存为盼！"① 获悉墨迹拨交故宫博物院后，他甚为欣慰。此后，毛泽东又多次将中外友人所赠之私人礼品上缴国家。据国家文物局原局长吕济民回忆，1952 年 12 月，毛泽东还将友人赠送的钱东壁临写的《兰亭十三跋》转送故宫。1956 年，大收藏家张伯驹先生将自己收藏的李白《上阳台帖》赠送给毛泽东，毛泽东对李白诗词颇为推崇，面对这件可能是唯一的李白传世墨迹，自然爱不释手，但仍按规定将《上阳台帖》转赠故宫博物院收藏。

老一辈革命家请客送礼方面体现出高风亮节。周恩来不收受馈赠礼物。1961 年春节前夕，他收到家乡淮安县委托人捎来的莲子、藕粉等土特产，当即委托办公室回信，并寄去 100 元钱。信中说："周总理和邓大姐认为，在中央三令五申不准送礼的情况下，你们这样做是不好的。"有一次，他过去的一位老警卫员给他捎来一筐新鲜橘子。他问清值 25 元钱后，让寄去 50 元。他说："多余的钱让他处理，不这样

---

① 中共中央文献研究室编：《建国以来毛泽东文稿》第 2 册，中央文献出版社 1988 年版，第 538 页。

做，就制止不了他，这样以后他就不再送了。"1962年中央在北京召开七千人大会期间，参加会议的淮安县委领导同志带给周恩来爱吃的淮安特产——茶馓。周恩来退回茶馓，并让秘书转交一份中央关于不准请客送礼的文件，并亲自批示："请江苏省委、淮阴地委、淮安县委负责同志认真阅读一下，坚决照中央文件精神办！"①

（四）饮食简单

管理毛泽东家财务的吴连登回忆：毛泽东的孩子们和中南海工作人员一样到中南海的食堂排队打饭。主席从来不吃补品，不吃山珍海味。毛泽东说："中国不缺我毛泽东吃的，但如果我拿了国家的不花钱，部长们、省长们、村长们都可以拿。"主席也有购货本，布票、油票，北京市民是多少，主席就是多少。20世纪60年代国民经济困难时期，毛泽东曾经有过7个月不吃肉，不喝茶的记录。毛泽东脚脖明显地因缺乏营养而浮肿。②

根据王凡、刘东平提供的材料，20世纪60年代国民经济困难时期，中共中央号召全体共产党员带头，国家干部带头，艰苦奋斗。中南海机关干部吃粮重新定量，先由个人报斤数，再由群众公议评定。毛泽东自报粮食每月26斤，朱德也是26斤，刘少奇报得最低，只有18斤。周恩来报了24斤。在领袖带动下，其他工作人员也把粮食定量降下来了。中南海的炊事员们和广大干部便采集一切可以食用的植物，和粮食掺和在一起吃，俗称"瓜菜代"。中南海里可以吃的树叶和野菜，都上了领导的餐桌。③

刘武生《周恩来的廉洁自律》一文说：周恩来个人请客吃饭一律

---

① 参考高路主编《共和国元勋风范记事》，人民出版社1990年版；参考刘武生《周恩来的廉洁自律》，《人民日报》1996年1月8日。

② 李敏：《我的父亲毛泽东之爸爸的简朴生活》，《生活时报》2001年4月17日、20日。

③ 王凡、刘东平：《三年困难时期的中南海》，《党史博览》2000年第8期。

自费，一般都是简朴的家常饭菜。1952年初夏，他邀请冰心夫妇到西花厅做客，共进晚餐，吃的是四菜一汤，而唯一的好菜是一盘炒鸡蛋。谢冰心回忆说："这使我感到惊奇而高兴。惊奇的是总理的膳食竟是这样地简单，高兴的是总理并没有把我们当作外人。"[1] 核物理学家朱光亚也有类似冰心关于周恩来请吃饭体现俭朴作风的回忆。

周恩来在家吃饭时，一般是两菜一汤。有了客人，一般就做四菜一汤。当然，吃完饭后，他总是提醒大家不要忘了交粮票，菜钱免收。因为周恩来和邓颖超的粮食都有定量，请客多了，粮食不够吃。周恩来的侄辈周保章曾经讲述在周恩来家吃过的大年初一饭：总理家吃饭与平民家一样按定量粗细粮都有，总理吃的是窝头，周保章如数按照自己每天八两的定量标准交了粮票。

周恩来一生反对铺张浪费，不搞特殊化，处处严格要求自己。周恩来请客吃饭是个人买单的，工资除去房租水电及其他各种开支后，所剩无几。请客次数多了，还要靠邓颖超的工资垫着。因此有时请客后，周恩来会补充一句："今天是大姐请你们的客，我是慷大姐之慨。"周恩来在外地视察或主持会议，同大家吃一样的饭菜，不搞特殊，离开时一定付钱和粮票。外出时，他多次向随同人员交代：一切按标准价吃，按标准付钱；不准吃山珍海味，不准摆水果摆糖果。当超标准上菜时，均被周恩来一一纠正，绝不搞下不为例。

（五）住房方面

在住房问题上，老一辈无产阶级革命家留下许多感人的故事。

进城前，毛泽东刘少奇等领导人殷切嘱咐全党，要防止腐化，防止脱离群众，在住房方面也是要求严格。毛泽东在中南海住一座古式旧瓦房，院子里高低不平的砖地，屋子里的窗户是用纸糊的，直到1956年后才安装了玻璃。1959年才准许整修房子，但嘱咐要节约，并

---

① 刘武生：《周恩来的廉洁自律》，《人民日报》1996年1月8日。

不准扩大面积。1960年秋，毛泽东从外地视察回到北京，见室内重新布置了一套讲究的新家具，办公桌、座椅、沙发、床和衣橱，一色浅绿，大都裹着名贵的呢绒。毛泽东坚持把原来的家具搬回才休息。

周恩来住的是中南海西花厅，一住就是26年，直到他去世。西花厅是清朝乾隆年间修建的老式平房，潮湿阴冷。身边工作人员多次提出修缮，但他坚决不同意。1959年年底，趁他和邓颖超外地出差，对西花厅进行了保护性维修。他回京一进门十分惊讶，大发雷霆，不搬走新置的物品不回家，让在场的保健医生周尚珏感到："总理脾气发到这样的程度是很少见的。"① 周恩来以总理身份主动在国务院会议上就房子翻修和添置物件进行严肃的自我批评，作了三次检讨，向到会的副总理和部长们说："你们千万不要重复我的这个错误。"国务院几乎所有干部都知道周恩来"犯错误"了。周恩来故居在江苏淮安县城。他多次批评淮安县委维修总理故居。1973年11月17日，国务院办公厅向淮安县委正式传达了周恩来关于处理旧居的三条指示：一、不要让人去参观；二、不准动员建在里面的居民搬家；三、房子坏了不准维修。

（六）防止特殊化，严格家规家教

毛泽东自己反对突出个人，搞特殊化。1950年5月，沈阳市各界人民代表会议决定在市中心修开国纪念塔，塔上铸毛泽东铜像。毛泽东在5月20日批示："铸铜像影响不好，故不应铸"，认为铸像"只有讽刺意义。"② 9月20日，得知长沙地委和湘潭县委要修缮韶山故居，并修一条通往故居的公路时，当即写信给湖南省委书记黄克诚、省政府主席王首道："请令他们立即停止，一概不要修建，以免在人

---

① 王凡、东平：《红墙医生：我亲历的中南海往事》，作家出版社2006年版，第108页。

② 中共中央文献研究室编：《建国以来毛泽东文稿》第1册，中央文献出版社1987年版，第362页。

民中引起不良影响，是为至要。"① 10 月 27 日，毛泽东在北京市第二届第三次各界人民代表会议通过的送请政府建议中央考虑在天安门前建立毛泽东大铜像的提案上批示："不要这样做。"②

　　毛泽东反对任人唯亲。在《毛泽东书信选集》中，共收录了 372 封书信，其中有写给家乡亲友的几十封。在亲友们希望毛泽东给予照顾时毛泽东总是说：有困难找组织解决，按组织规定去办。③ 毛泽东深爱杨开慧，但在革命成功后，毛泽东严格要求杨开慧之兄杨开智。1949 年 10 月 9 日，毛泽东致信时任中共湖南省委第一副书记的王首道："杨开智等不要来京，在湘按其能力分配适当工作，任何无理要求不应允许。其老母如有困难，可给若干帮助。另电请派人转送。"④同日，毛泽东写信给杨开智，规劝他"希望你在湘听候中共湖南省委分配合乎你能力的工作，不要有任何奢望，不要来京。湖南省委派你什么工作就做什么工作，一切按正常规矩办理，不要使政府为难"⑤。这样的信件还有好多，如：

　　1950 年 4 月 18 日，毛泽东致信青少年时期同学毛森品："吾兄出任工作极为赞成，其步骤似宜就群众利益方面有所赞助表现，为人所重，自然而然参加进去，不宜由弟推荐，反而有累清德，不知以为然否？"⑥

　　4 月 19 日，毛泽东致信杨开慧的舅父向明卿先生："令侄向钧同志是共产党员，1927 年曾任衡山县委书记，是个忠实的能干的同志，1927 年国民党叛变被捕，光荣殉难。以上这些，先生可以报告湖南省

---

　　① 中共中央文献研究室编：《建国以来毛泽东文稿》第 1 册，中央文献出版社 1987 年版，第 527 页。

　　② 同上书，第 621 页。

　　③ 参见《毛泽东书信选集》，人民出版社 1983 年版，第 351、345、343、370、371、369、366、364、360 页。

　　④ 中共中央文献研究室编：《建国以来毛泽东文稿》第 1 册，中央文献出版社 1987 年版，第 32 页。

　　⑤ 同上书，第 32—33 页。

　　⑥ 同上书，第 306 页。

委。惟抚恤一事，须统一行之，不能只顾少数，如省委未能即办，先生亦宜予以体谅。"①

5月7日，毛泽东致信表兄文涧泉，嘱文涧泉同宗"宜在湖南就近解决工作问题，不宜远游，弟亦未便直接为他作介，尚乞谅之"②。

5月12日，毛泽东致信表兄文南松："运昌兄（毛泽东另一表兄——笔者注）的工作，不宜由我推荐，宜由他自己在人民中有所表现，取得信任，便有机会参加工作。"③

新中国成立后，毛泽东为中国人民奉献的第六位烈士是大儿子——毛岸英。他从苏联回国后，响应毛泽东的号召，到农村种地锻炼，参加土改。后来他去了北京机器总厂当了党总支副书记，可以不必参军去朝鲜，但毛岸英坚决地请求上了战场。彭德怀后来说过："毛岸英是志愿军里的第一人。"

有人猜度毛泽东派大儿子出国作战，毛泽东是在培养未来的"太子"。这是十分可笑的小农意识作祟，是一些小市民阴暗心态的暴露。毛泽东本人在1951年3月，向青年时代在长沙一师读书的老学友周世钊讲起这段往事时，解答了"毛岸英为什么要上朝鲜前线"的问题。④ 毛泽东考虑的是："岸英是个年轻人，他从苏联留学回国后，去农村劳动锻炼过，这是很不够的，一个人最好的成长环境就是艰苦！在

---

① 中共中央文献研究室编：《建国以来毛泽东文稿》第1册，中央文献出版社1987年版，第308页。

② 同上书，第325页。

③ 同上书，第341页。

④ 毛泽东是这样讲的："当然你如果说我不派他去朝鲜战场上，他就不会牺牲，这是可能的，也是不错的。但是你想一想，我是极主张派兵出国的，因为这是一场保家卫国的战争。我的这个动议，在中央政治局的会上，最后得到了党中央的赞同，作出了抗美援朝的决定……要作战，就要有人，派谁去呢？我作为党中央的主席，作为一个领导人，自己有儿子，不派他去抗美援朝，保家卫国，又派谁的儿子去呢？人心都是肉长的，不管是谁，疼爱儿子的心都是一样的。如果我不派我的儿子去，而别人又人人都像我一样，自己有儿子也不派他去上战场，先派别人的儿子去上前线打仗，这还算是什么领导人呢？"（毛岸青、邵华：《又是秋风秋雨时——缅怀我们的岸英哥哥》，《人民日报》2000年11月7日第11版）

战斗中成长要比任何其他环境来得更严更快。基于这些原因，我就派他去朝鲜了。"毛岸英壮烈牺牲在朝鲜战场，遗骨至今依然留在朝鲜大地上。

毛岸英确实是毛泽东教育出来的好青年。他在答复表舅父向三立替人谋求"在长沙有厅长方面位置"时，指出父亲毛泽东坚决反对扶助亲戚高升：

"新中国之所以不同于旧中国，共产党之所以不同于国民党，毛泽东之所以不同于蒋介石，毛泽东的子女妻舅之所以不同于蒋介石的子女妻舅，除了其他更基本的原因以外，正在于此：皇亲贵戚仗势发财，少数人统治多数人的时代已经一去不复返了。靠自己的劳动和才能吃饭的时代已经来临了。"

"反动派常骂共产党没有人情，不讲人情，如果他们所指的是这种帮助亲戚朋友，同乡同事做官发财的人情的话，那我们共产党正是没有这种'人情'，不讲这种'人情'。"共产党有的是另一种人情，那便是对人民的无限热爱。其中也包括自己的父母子女亲戚在内。当然对于自己的近亲，对于自己的父、母、子、女、妻、舅、兄、弟、姨、叔，是有一种特别感情的。一种与血统、家族有关的人的深厚感情。这种特别感情，共产党不仅不否认，而且加以巩固并努力倡导它走向正确的与人民利益相符合的有利于人民的途径。但如果这种特别感情超出了私人范围并与人民利益相抵触时，共产党是坚决站在后者方面的，即"大义灭亲，亦在所不惜"。这封信感人至深。毛岸英品格高尚，是毛泽东教育的结果。

1991年3月11日，江泽民在韶山毛泽东故居参观，看到了毛岸英的这封信，当即叫人复印了一份，他语重心长地对周围的人说：如果我们每个党员，每个干部都像毛岸英同志信中说的那样，做人民的忠实儿女，我们就经得起任何严峻的考验。他还说：毛主席对子女要求很严，对全党的干部子弟也是一个很大的教育。要宣传毛主席是怎么教育子女的。在这方面，我们后代人都要像毛主席那样，对子女严格要求。3月17日，江泽民在长沙听取湖南省委、省政府工作汇报时，在谈到干部廉政建设时，拿出复印的毛岸英的信，念了几段给与会者听。他说：我看了这封信后，感慨系之。假如我们所有的干部对子弟都能像毛主席对待毛岸英那样，我们的党一定兴旺，我们的党一定为群众所拥护。

毛泽东严格要求子女，不搞特殊化。毛泽东的女儿李讷刚上小学时，因为学校离中南海比较远，一个礼拜才能回一次家。毛泽东不同意派小车接送，认为这是搞特殊化，接受一位工作人员的建议，指示派一个能坐十几个、二十几个人的大车，一次把中南海的小孩都接回来。一位曾经在中南海工作的同志对毛泽东严格要求子女记忆犹新：中南海的人都对毛泽东家的孩子印象特别好，他们不霸道。正如毛泽东所期望的那样，毛泽东的两个女儿至今保持着毛泽东时代的质朴敦厚作风，成为自食其力的普通劳动者，生活宁静而又淡泊。毛泽东留给她们的精神遗产，却让她们受用终身。

周恩来1970年1月22日给毛泽东等的信中说：北京和上海筹办"五七"艺术学校，临时筹委会1970年1月21日报告中提议，江青为艺校荣誉校长，谢富治（当时任中共中央政治局委员、国务院副总理、北京市革委会主任）为荣誉政委。毛泽东在给周恩来的信中说："江青不必任名誉校长。"①

周恩来以身作则，对自己、亲属严格要求的事例数不胜数。1984年4月，邓颖超曾以自己为例，教育侄辈们："我做了名人之妻，你们的伯伯是一直压我的。他（指周恩来——笔者注）死后我才知道，人家老早就要提我做副委员长，他坚决反对。后来小平同志告诉我说，就是你那位老兄反对。"新中国成立后定工资时，蔡大姐（蔡畅当时是妇联主席，邓颖超是副主席）是三级，邓颖超知道周恩来的作风，邓颖超按部长级待遇不定四级而定到五级，报到周恩来审批时，又给压到六级。"国庆十年上主席台，他看到名单有我，又画掉了。因我是名人之妻，他一直在压我。"②邓颖超讲这些事的用意，是在教育后辈，要严格要求自己，廉洁奉公。她深有感触地说："你们是名人的

---

① 中共中央文献研究室编：《建国以来毛泽东文稿》第13册，中央文献出版社1998年版，第75页。

② 周秉德：《我的伯父周恩来》，辽宁人民出版社2000年版，第377—378页。

侄儿侄女，也同样难。你们只有好好严格要求自己谦虚谨慎，做好本职工作。"

1968年，周恩来的侄儿周秉德和与侄女周秉建先后赴延安和内蒙古插队。由于表现好，1970年经当地群众推荐，按照正常手续，二人分别应征参军。但周恩来认为他们搞特殊化，让二人办了离队手续，到农村插队劳动。周恩来没有子女，但抚养过一些烈士遗孤。对这些烈士子女，他既关怀备至，又严格要求。1953年5月24日，他视察北京101中学时，以清朝八旗子弟为例，告诫干部子女们不要特殊化，不要脱离劳动，不要脱离群众。①

老一辈无产阶级革命家注意谦虚谨慎，勤俭节约。体现老一辈无产阶级革命家谦虚谨慎的文件有：1951年12月25日中共中央发布故意制止动员群众向中央写致敬信、发贺电和送礼的指示；1957年11月20日中共中央关于禁止用个人名字作地名、街名和企业等名字的通知；1958年9月25日中共中央、国务院关于干部参加体力活动的决定；1965年12月14日中共中央关于党内同志之间称呼问题的通知等。

周恩来两袖清风，一尘不染，鞠躬尽瘁，死而后已，其高风亮节，让全世界景仰。他规定了十条家规：一、晚辈不准丢下工作专程来看望他，只能在出差顺路时去看看；二、来者一律住国务院招待所；三、一律到食堂排队买饭菜，有工作的自己买饭菜票，没工作的由他代付伙食费；四、看戏以家属身份买票入场，不得用招待券；五、不许请客送礼；六、不许动用公家的汽车；七、凡个人生活上能做的事，不要别人代办；八、生活要艰苦朴素；九、在任何场合都不要说出与总理的关系，不要炫耀自己；十、不谋私利，不搞特殊化。按照周恩来的要求，他们进京探望伯父伯母，都得住国务院招待所，都得买饭菜

---

① 周恩来教育干部子弟说：你们如果特殊化，脱离了群众，人民是不会答应的。他讲了八旗子弟的故事，八旗子弟祖先都是清朝立有战功的开国功臣，自小骑马射箭，能征善战，以后带兵灭了明朝，建立起清帝国，可是到了八旗子弟就不行了。他们从小娇生惯养，不骑马，要坐轿，整天提着鸟笼东游西逛，游手好闲，坐吃俸禄，不劳而获，过着骄奢淫逸的生活，甚至成了一群大烟鬼。后来，在帝国主义列强的侵略面前，他们束手无策，一败涂地，屈膝投降。

票到食堂就餐，有工资收入的还得自己付钱。同伯父伯母一起照相，每人只能拿到一张相片，目的是防止他们拿照片去炫耀自己，滋长特殊感。

如果说周恩来有十条家规的话，刘少奇外出时对工作人员有"四不准"规矩：一、每到一地，不要人家接送；二、到任何地方，不准请客吃饭，铺张浪费；三、不准向人家要东西，人家送上门来的也要婉言拒收；四、参观时不要前呼后拥地陪同，有个向导引路就行，不要影响地方负责同志的工作。王光美曾经回忆：1961 年，刘少奇到湖南农村搞调查，告诉随行的工作人员说：要以普通劳动者的身份出现，一切轻装简行，只要两部吉普车就行了。天遇大雨，泥泞路滑，刘少奇步行回到住处。住处是破旧房屋，窗户敞开，用布遮挡风雨。他们自带油盐柴米，自己起伙，刘少奇和大家吃一样的粗茶淡饭。1964 年，刘少奇到济南视察。招待饭菜很丰盛，他要求撤下去换上便饭。

陈云几十年主持中央财经委员会的工作，大半辈子与钱和物打交道。从他手中经过的钱物难以计量，但是，他从不乱花国家的钱。陈云有"四不准"家规：不准坐公家为陈云配备的专车，不准看送给陈云的文件，未经允许不准进陈云的办公室，不准家人团聚时向陈云打听党和国家的大事。他对干部子女的要求也很严。

老一辈无产阶级革命家教育干部和家属廉洁政治，并身体力行，堪称楷模。对此，邓小平感触颇多。1978 年 6 月 2 日，邓小平说："我们的毛泽东同志、周恩来同志以身作则，严于律己，艰苦奋斗，几十年如一日，成为我党我军优良传统和作风的化身。他们的感人事迹在全党、全军、全国人民中，发生了多么巨大和深远的影响！不仅影响到我们这一代，而且影响到子孙后代。"①

---

① 《邓小平文选》第 2 卷，人民出版社 1994 年版，第 125 页。

五

社会总动员，群众广泛参与

在新中国成立初期的"三反""五反"运动中，毛泽东号召群众广泛参与反腐运动。当年领导"三反"和"五反"运动的薄一波评论说："今天，我们所处的历史条件和面临的任务已不同于那个时候了，我们完全可以而且应当主要依靠法制来惩治经济犯罪和其他犯罪活动，不必再采取'三反'这种群众运动的方式。但是，'三反'运动在充分依靠群众同犯罪现象作斗争，在坚决惩治腐败、防止腐蚀、从严治党等方面留下的宝贵经验，以及当时广大干部和群众的那种艰苦创业、自强不息的革命精神，却是值得我们代代相传的。"①

（一）动员社会各界

动员全党，动员社会各界反腐败，并且取得巨大成效，是新中国成立初期反腐败斗争中的一大特色。

---

① 薄一波：《若干重大决策与事件的回顾》上，中共中央党校出版社 1991 年版，第 138 页。

第一，发动群众反腐败。

毛泽东在1951年12月8日的指示中说："应把反贪污、反浪费、反官僚主义的斗争看作如同镇压反革命的斗争一样的重要，一样的发动广大群众包括民主党派及社会各界人士去进行，一样的大张旗鼓去进行，一样的首长负责，亲自动手，号召坦白和检举，轻者批评教育，重者撤职、惩办、判处徒刑（劳动改造），直至枪毙一批最严重的贪污犯，才能解决问题。"① 这已经要求"三反"运动要"发动广大群众包括民主党派及社会各界人士去进行"了，要求广大群众的参与。

发动群众，就是要广大群众广泛参与，组成反腐的统一战线。1952年1月26日，毛泽东指示说："在全国一切城市，首先在大城市和中等城市中，依靠工人阶级，团结守法的资产阶级及其他市民，向着违法的资产阶级开展一个大规模的坚决的彻底的反对行贿、反对偷税漏税、反对盗骗国家财产、反对偷工减料和反对盗窃经济情报的斗争，以配合党政军民内部的反对贪污、反对浪费、反对官僚主义的斗争，现在是极为必要和极为适时的。在这个斗争中，各城市的党组织对于阶级和群众的力量必须作精密的部署，必须注意利用矛盾、实行分化、团结多数、孤立少数的策略，在斗争中迅速形成'五反'的统一战线。只要形成了这个统一战线，那些罪大恶极的反动资本家就会陷于孤立，国家就能很有理由地和顺利地给他们以各种必要的惩处，例如逮捕、徒刑、枪决、没收、罚款等等。"② 值得注意的是，在"五反"运动中，毛泽东明确指出，要"依靠工人阶级，团结守法的资产阶级及其他市民"，还要求党的组织对"群众的力量必须作精密的部署"。

1952年的元旦献词中，毛泽东更是明确地将党内反腐败的号召，扩大到全体人民，"号召我国全体人民和一切工作人员一致起来，大张旗鼓地，雷厉风行地，开展一个大规模的反对贪污、反对浪费、反

---

① 《关于"三反"、"五反"》，《毛泽东文集》第6卷，人民出版社1999年版，第191页。

② 同上书，第193页。

对官僚主义的斗争"①。1952 年 1 月 4 日，按毛泽东的批示，薄一波起草了对华东局的一份复电，说："在 1 月份内，要大张旗鼓地、雷厉风行地发动群众检举、揭发贪污案件并进行审讯。"② 同样，周恩来在1952 年 1 月 5 日的中国人民政治协商会议全国委员会常务委员会上作"三反"问题的报告，强调"全社会都动员起来，特别是与贪污、浪费有密切关系的工商界要动员起来"，以铲除贪污、浪费、官僚主义的毒害。③ 这些指示、讲话都是属于营造反腐败斗争的社会气氛的做法，能够使人民群众受到反对腐败，建设清明社会的教育和感召，鼓舞他们参与反腐败斗争。

许多地方大张旗鼓地处理违法乱纪案件，给广大干部群众以强烈的震撼。1953 年 3 月 3 日，中共胶州地委在处理五莲县 11 区于里沟乡乡长苑克茂违法乱纪案件中，"大张旗鼓地处理案件，充分地发动群众"。胶州地委认为"大张旗鼓地处理典型案件，是开展反官僚主义、命令主义、违法乱纪斗争的最实际有效的方式"④，大张旗鼓地开展反腐败的斗争，鼓舞了全心全意为人民服务的好干部，警告了违法乱纪分子，有力地支持了群众反对坏人坏事的正义斗争。

为贯彻毛泽东、党中央的意图，《人民日报》连篇发表社论，大张旗鼓地鼓动群众参加到"三反""五反"运动中来。

1951 年 12 月 18 日《人民日报》"党内生活"栏目的通栏标题是《共产党员要自觉地积极地参加反贪污、反浪费、反官僚主义斗争》。1952 年 1 月 4 日，毛泽东在题为《在反贪污、反浪费、反官僚主义的伟大斗争中，发动群众的关键何在?》的《人民日报》社论中说："必须立即在全国范围内，在一切党组织，一切政府部门和军事部门，一

①　中共中央文献研究室编：《建国以来毛泽东文稿》第 3 册，中央文献出版社1989 年版，第 1 页。

②　同上书，第 20 页。

③　《三反运动与民族资产阶级》，《周恩来选集》下，1952 年 1 月 5 日，人民出版社 1984 年版，第 81 页。

④　《中共胶州地委关于处理苑克茂违法乱纪案件给中共山东分局的报告》，《人民日报》1953 年 3 月 19 日。

切国营和公营的工业、交通、银行、贸易的机关和事业，一切合作社组织，青年团组织和人民团体的各级领导机关，以及一切和上述各方发生关系的私人工商业，都应毫无例外地充分发动群众，把反对贪污、反对浪费、反对官僚主义的斗争，形成一个广泛的群众运动，如同镇压反革命的运动一样，大张旗鼓地雷厉风行地坚决进行到底。"① 社论相当尖锐地指出不能发动群众的两种人，一种人是对反贪污、反浪费、反官僚主义运动的重大政治意义认识不足的，把这个运动视同等闲。另一种人是自己手上不干净，他们害怕发动群众会对自己不利。这种分析，十分深刻有力，表达了中央的坚决反腐败的态度，起到督促干部立即发动群众的作用。

1952 年 1 月 5 日的社论《必须发动群众检举贪污分子》指出：任何盗贼都不能不生活在一定的人群中间，任何贪污盗窃行为都不能完全避开群众的眼睛。《人民日报》代表了党中央的态度，推动了群众参加"三反""五反"运动。

第二，群众创造性展开反腐败工作。

"三反""五反"运动中，许多地方设立"意见箱"或高级负责人的"信箱"来吸收群众意见，很有成效。除了意见箱、检举箱外，群众还发明了反腐败内容的漫画，成为推进反贪污运动的有力武器。

群众中蕴藏着无穷的智慧。在"三反""五反"运动中，北京电信局的群众美术工作是十分活跃和有力的。北京电信局的职工创作了大量的漫画、宣传画和连环画。这些画作是根据政府的政策和本单位的群众思想情况创作的，因而对运动的开展起了很好的推进作用。在运动开始时，他们画了一个健壮的工人，正在铲除新中国工业化前进道路上的一堆象征贪污、浪费的乱石和树根，表现出工人阶级对待贪污浪费的明确态度。运动展开后，因为部分领导干部有官僚主义，部分职工群众有麻痹思想，他们又据此画了漫画，对于有官僚主义和麻痹思想的人，起了很大的教育作用。当运动进行到一定阶段后，群众

---

① 毛泽东：《在反贪污、反浪费、反官僚主义的伟大斗争中，发动群众的关键何在？》，《人民日报》1952 年 1 月 4 日。

又产生了新的自满情绪的时候，他们又创作了一幅"把运动深入下去"的图画，并在图画旁边，写了一首快板，鼓励大家再接再厉，追击贪污分子。群众看了这画都说："咱们千万别得意忘形，一定要堵塞大漏洞，捉住大耗子。"除此以外，群众还创作了表扬廉洁奉公、艰苦朴素的模范的作品。124 位在群众中涌现出的业余美术工作者用集体创作的方式，及时地配合整个战役中每一个战斗，共创作了 270 多幅漫画、宣传画和连环画。北京电信局的这一美术宣传活动的经验，值得许多机关工厂企业学习推广。由于加强了政治方面和政策方面的指导和帮助，机关内部群众中的业余美术，成为教育群众和推进反腐败运动的重要武器。

第三，揭露腐败丑恶行为，激发人民群众参加反腐败斗争的热情。

通过揭露腐败分子和资产阶级的不法行径，不断激发群众对"五毒"的痛恨之情。1952 年 2 月 7 日，上海《解放日报》报道了奸商王康年的不法行径。他借抗美援朝战争急需西药之机，用金钱和贵重物品贿赂、腐蚀国家机关干部，骗取了国家贷款和志愿军巨额贷款，并以质量低劣的药品抵充合格药品。看到这一报道以后，全市广大人民非常愤慨。《解放日报》在当天和第二天就收到读者来信 24 封，在这些信上签名的人数达 181 人（另有三个团体）。到 2 月 9 日午后，又收到 39 封来信。这些信件一致要求政府把王康年交给人民公审，处以极刑。长江航务局上海分局的工人们在信上说："我们工人为了抗美援朝战争胜利，曾经义卖大饼油条、义擦皮鞋、义踏三轮车来捐献给人民志愿军战士，奸商王康年却丧尽天良地把志愿军购买药物的钱骗来做投机，我们绝对不能容忍！"店员陈某在信中说："我们最可爱的人躺在病床上，等着这些药品恢复健康，重上前线。这些药品还能拖延不发吗？连一秒钟也不能拖延！一公分也不准缺少！只有我们的敌人美帝国主义者才希望我们的医药供应越少越好，越慢越好。而利欲熏心的奸商王康年，恰恰满足了美帝国主义者的希望。"许多学生在信中都表示，从王康年的案件中进一步认识到资产阶级猖狂进攻的程度和对国家民族的危害。榆林区工商界代表、西药摊贩朱某在信中说："看到奸商王康年这段事实后，我恨不得立刻把他碎尸万段……奸商是人民的敌人，每一个正当的工商业者必须积极行动起来，向危害人民的不法商人作坚决斗争！"①

高级知识分子也对不法资本家深恶痛绝。1952 年 2 月 17 日《人民日报》发表了人民艺术家老舍《扑灭暗害志愿军的奸商》的文章，他严厉地斥责了这些奸商："我没法子承认他们是中国人，因为他们根本不是人！同胞们，我们难道甘心与豺狼毒蛇为伍么？我们若是宽容了他们，怎么对得起人民志愿军呢？我们要求政府给这些人面兽心的东西以最严厉的制裁！同时，我们要加紧包剿这类的奸商，不教一个逍遥法外！"② 与此同时，发表了清华大学教授华罗庚《我们和暗害志愿军的奸商不共戴天》的文章，其中写道："恨！无比的忿恨！中国人民志愿军比我们的亲骨肉还要亲，但竟有人在暗害他们！欺骗他们！而做这些伤天害理的事情的人，并不是我们所熟知的仇敌，而是形式上依然在我们阵营之内，和我们同种同族同语言同文字在同一块土地上同生共长的人。是一批奸商们的毒计诡谋在暗害着志愿军。"③

类似的文章在此不一一列举，总之，通过激发群众的反腐败热情，调动了他们反腐败的积极性，这一时期广大群众发出了打击不法资本家的呼声。

（二）动员民主党派

在反对国民党专制的斗争中，民主党派是共产党的朋友。在共产党号召"三反""五反"后，民主党派也被动员起来了。1951 年 12 月 29 日，人民政协全国委员会向全国各省、市协商委员会发出增产节约与"三反"斗争的指示，人民政协委员会常务委员会于 1952 年 1 月 5

---

① 《奸商王康年骗取志愿军购药巨款 上海市公安局根据店员检举把该犯逮捕》，《人民日报》1952 年 2 月 16 日第 2 版。

② 老舍：《扑灭暗害志愿军的奸商》，《人民日报》1952 年 2 月 17 日第 4 版。

③ 华罗庚：《我们和暗害志愿军的奸商不共戴天》，《人民日报》1952 年 2 月 17 日第 4 版。

日发出关于反贪污、反浪费、反官僚主义的思想改造学习的通知。这是对民主党派参加"三反""五反"运动的动员令。

第一，民主党派响应共产党参加反腐败运动的号召。

觉悟高的民主党派领导，带头发表文章，配合支持中国共产党的反腐败工作。民主建国会常务委员孙起孟1952年2月5日发表《关于资产阶级三年以来猖狂进攻的看法》，认识到："根据事实，把警钟敲响起来，来一个全国动员，组织坚决的反攻，把资产阶级的猖狂进攻压下去。""通过反贪污、反浪费、反官僚主义运动，中国的工商业者面貌也将为之改观。"①

民革负责人之一谭平山于1952年1月11日发表《民革同志的思想改造问题》提出：在今天，民革同志要自己检查一下，"在反贪污、反浪费、反官僚主义运动中，自己尽了应尽的责任没有，再具体一点说，自己在工作生活中，犯了贪污、浪费、官僚主义的毛病没有，结合着行动的具体实际，来衡量自己，来追求思想根源，才能真正地认识自己，才能提高自己"②。

地方上的民主党派同样被发动起来了，响应党的号召，积极参加到共产党领导的"三反""五反"运动中。1952年1月，在"三反"运动的初期，广州市各民主党派的地方组织纷纷参加反贪污、反浪费、反官僚主义运动。中国国民党革命委员会华南临时工作委员会、中国民主同盟南方总支部、中国农工民主党广东省工作委员会、中国致公党华南总支部、中国民主建国会广州市分会和中国民主促进会广州市分会筹备委员会都分别召开反贪污、反浪费、反官僚主义的动员会。中国致公党华南总支部召集在广州的归国华侨和侨眷举行座谈会，发动他们参加这个斗争。全市各民主党派成员和民主人士800多人曾联合举行大会，开展反贪污、反浪费、反官僚主义运动。

---

① 孙起孟：《关于资产阶级三年以来猖狂进攻的看法》，《人民日报》1952年2月5日。

② 谭平山：《民革同志的思想改造问题》，《人民日报》1952年1月11日。

第二，民革中央动员全党参加伟大的反腐斗争。

1952年1月7日，民革中央成立了中央总部机关节约委员会（包括北京市分部）。在成立大会上，李济深主席号召全体干部积极行动起来，并保证为群众撑腰。1月15日，民革中央发出《关于增产节约运动与反贪污、反浪费、反官僚主义斗争的指示》（以下简称《指示》），号召全体党员，大张旗鼓，雷厉风行，并动员其所联系群众，大胆揭发，为贯彻中国反贪污、反浪费、反官僚主义斗争的中心政治任务努力奋斗。《指示》提出的基本方针是：无情揭露、严格检查、分别处理。要求各地组织也要成立专门的节约检查委员会，在各省市政协委员会指导下，进行工作，参加节约委员会的应该有中、下各级干部及党员代表，各级组织首长，必须亲自动手，负责领导。

1952年1月22日和24日民革召开两次反贪污斗争大会，从领导干部到党员都上了前线，围攻贪污分子。天津市分部筹委会在1951年12月19日晚上7时，召集在天津的全体党员进行反贪污、反浪费、反官僚主义座谈会。由召集人就市长黄敬的动员报告作了重点传达，并号召民革的成员在单位里起带头作用，彻底检查自己，大胆揭发别人。

随着运动的开展，民革中央根据斗争需要，不断发出指导性文件。这些文件的基本精神，与中共中央、中央人民政府、全国政协的规定是一致的。1952年2月29日，民革中央又发出《关于加强"三反"运动坚决反击资产阶级猖狂进攻的指示》，着重批评了各地组织普遍存在的右倾思想，指示要对运动开展情况进行一场大检查，"必须把党内的'三反'运动和广大人民的'五反'斗争密切结合起来"①。根据这一指示，许多地方组织严肃地作了深入检查，纯洁和加强了领导运动的班子。有些领导干部在第一阶段没有认真批评与自我批评的，还没有让群众来批评的，都在第二阶段重新向群众作了深刻的检查，提高了威信，加强了领导力。第二阶段是从2月下旬开始的，组织了24人的打虎队，专门人员深入检查专案，穷追猛打，许多第一阶段没

---

① 民革中央：《民革丛刊》1952年3月号，第57页。

有发现的大老虎被揪出来。

4 月 30 日，民革中央节约检查委员会发出《关于"三反"运动结束阶段应注意事项的通告》，要求各级组织检查一下运动开始以来的活动，凡机关内部的贪污、浪费未作检查，或者虽作了检查而不够深入的地方组织，必须进行"补课"的工作，务必将大小贪污、浪费打扫干净。对官僚主义来一个检查，人人"洗澡"，个个"下楼"，任何人不得蒙混过关。

第三，在"三反""五反"运动中的九三学社。

九三学社也积极响应中共中央、中央人民政府关于"三反""五反"的号召，在 1951 年 12 月 24 日召开临时会议，决定成立节约检查委员会，由许德珩等 9 位成员以及北京市分社各基层负责人为委员，召集人是叶丁易。他们设立了办公室及检查小组，负责领导、检查，推进各地分社的"三反"运动。

1951 年 12 月 31 日，九三学社中央常务理事会发出指示，号召各地分社和全体社员大张旗鼓、雷厉风行地向贪污、浪费、官僚主义展开激烈的批评。为落实领导带头作表率的规定，12 月 31 日起，节约检查委员会各常务委员亲自领导总社和北京市分社干部和工友进行"三反"学习并进行坦白检举。除领导并参加机关、学校的"三反"运动的以外，自许德珩以下的总社领导，在北京社员大会上依次作了检讨，群众对领导人提出宝贵意见，对社的领导方面和社务提出了批评和改进意见。北京市各支社和小组的负责同志也在所属的支社和小组作了检讨，大多数从事教育工作的社员在他们服务的学校向群众作了检讨。在检讨中，大家发扬了团结互助精神，帮助别的同志认识和批判自己的错误，帮助犯了贪污行为的社员交代了问题。

运动中创造了生动实用的方法。根据登载在九三学社中央宣传委员会编印的《九三社讯》的《总社及北京市分社工作干部在三反运动中的情况》一文介绍，九三学社反腐败运动开展得有声有色："壁报发挥了极大的作用，尤其在几个重点同志的检讨时，都争先恐后地投稿，有的一天写上三四篇，充分发挥了同志间的友爱和对贪污、浪费、官僚主义的仇恨。检查组为了配合情势的发展，采取成立专人专组包工包打的方式，限期完成任务。一方面再进行细致的查账工作。在这个猛烈的攻势下，大小堡垒都先后被打垮了，短期内不但初步搞清了社内的贪污问题，而且连离职的干部和工友也都使其来社交代了他们的贪污问题。"① 他们还建立了基层组织负责人的汇报制度，每星期召开一次，通报运动情况。

（三）发动青年

在"三反"运动中，中国共产党注意发动青年人参加。中国新民主主义青年团中央委员会第二次全体会议于 1951 年 11 月 20—26 日在北京举行，周恩来在会上指出，全国人民的政治任务是抗美援朝、加强国防建设力量、开展增产节约运动和思想改造运动，号召青年团员向贪污浪费的现象作坚决彻底的斗争。

1951 年 12 月 19 日，在中央直属机关青年团积极分子大会上，团中央负责人冯文彬作题为《积极参加反对贪污、反对浪费、反对官僚主义的斗争》的报告，主要讲的是大张旗鼓、雷厉风行地开展"三反"斗争的意义、这个斗争对青年的关系和青年团如何参加斗争的问题。号召团的各级领导，应以最大的力量，来推动这一斗争，发挥青年团的作用，真正成为党在反对贪污、反对浪费、反对官僚主义运动中最亲密、最可靠的助手。②

党和团的领导机关发出检举揭发贪污浪费官僚主义的号召，在全国青年中马上得到响应。一名在清华大学学习的青年团员投书《人民日报》，决心在反贪污浪费反官僚主义斗争中，清除资产阶级思想的影响："我们一切爱国同胞都应当团结起来，在毛主席领导下，以战

---

① 《总社及北京市分社工作干部在三反运动中的情况》，《九三社讯》1952 年 3、4 月号，第 19 页。

② 冯文彬：《积极参加反对贪污、反对浪费、反对官僚主义的斗争——一九五一年十二月十九日在中央直属机关青年团积极分子大会上的报告》，原载《中国青年》总第八十二期。

斗的姿态，勇敢地充满信心地为彻底消灭贪污、浪费、官僚主义这些旧社会遗留下来的污毒而斗争。我是一个新中国的青年学生，又是光荣的青年团员。我一定要积极参加这次反贪污、反浪费、反官僚主义的伟大斗争，清除旧社会带给我的资产阶级思想的影响，并在这次运动中贡献出我自己的一份力量。"[1]

运动中出现了青年团员揭发自己的父亲、揭发老板的现象。北京市新生女子中学青年团员史某在反对贪污、反对浪费、反对官僚主义运动中，检举了她父亲的贪污罪行。她的父亲是石景山发电厂材料科的股长，他在收购器材的时候，贪污了两亿多元。史某知道了这件事情以后，非常气愤，坚决要和他脱离父女关系，并向团组织检举了他的贪污罪行。团组织叫她回家教育她的父亲，让他彻底坦白认罪。史某接受了团组织的意见，乘车回石景山，向父亲进行说服、教育工作。但她的父亲不但不肯坦白，而且用种种方法威胁、利诱她，说："我坦白了，你的学习和生活问题怎么办？"史某坚决地回答："我的问题不用你管。你应该老老实实向人民低头认罪，你不坦白，我就和你斗争到底！"在石景山发电厂召开的检举大会上，史某把她父亲的罪行一五一十地说了出来，并要求人民政府惩罚他。[2]

1952年2月23日《人民日报》发表文章，讲述15岁的女青年团员曲宝英帮助她父亲坦白了贪污行为。同一天，《人民日报》还发表了萍乡煤矿机厂青年工人李启隆帮助父亲坦白了不法行为并检举了贪污分子的自述。

（四）妇女踊跃上阵

广大妇女在"三反""五反"运动中的地位不可小视。攻心为上，

---

① 立之：《在反贪污浪费反官僚主义斗争中　清除资产阶级思想对我的影响》，《人民日报》1952年1月15日。

② 《人民日报》1952年1月8日发表北京市新生女子中学通讯组的读者来信：《青年团员史淑云　检举了她父亲的贪污罪行》。

家属规劝贪污分子的话，有着其他人不可替代的作用。1952年"三八"妇女节前夕，中华全国总工会女工部决心贯彻反贪污反盗窃斗争，为开展增产节约运动奠定基础。

1952年妇女节来临之际，《人民日报》发表社论《在反贪污反盗窃运动中，要注意做好家属工作》认为：在机关、团体中，要做到男女工作人员及其家属一齐发动；在社会上要做到男女职工和职工家属、男女店员和店员家属以及其他劳动者和家属们一齐发动，并使工商业者及其家属一同受教育和受检查。[①]

就在这一天，全国著名劳动模范郝建秀发表文章，表达了对违法资本家和贪污分子的痛恨，号召全体妇女和全国女工姐妹们，积极参加反贪污、反盗窃的斗争。中华全国总工会女工部提出建议：在节约检查委员会统一领导下，专人负责做家属工作，提高职工家属阶级觉悟。

各地民主妇女联合会配合有关方面，对妇女群众进行了广泛的宣传教育，通过妇女群众会、妇女代表会、各界妇女分别召开的座谈会、炕头会、片会、院会、串门走访以及演戏、说快板等方式，反复宣传运动的政治意义，交代政策。并随时抓住典型事例来进行启发教育。北京、天津、沈阳等地反贪污、反盗窃运动的宣传基本上做到了家喻户晓。这种宣传教育，使广大妇女群众提高了政治觉悟，以主人翁的姿态站到运动中来，检举和规劝家属坦白，表现了妇女的力量。

有些地区的领导和机关，掌握和执行了男女一齐发动、机关干部和干部家属一齐发动、对妇女加一把力进行教育的方针，妇女家属成为围剿贪污分子和违法资本家的坚强队伍之一。特别在检举贪污分子和规劝犯罪家属和亲友坦白方面，起了重大的作用。她们热心地找材料，找线索，反映情况，积极动员别人坦白和检举。很多地区，妇女"检查家里的收入"，"检查丈夫的来钱路"，形成了风气，打破了犯罪分子企图订立或坚守家庭"攻守同盟"的企图。北京市各区妇女检举

---

① 《人民日报》1952年3月8日发表社论：《在反贪污反盗窃运动中，要注意做好家属工作》。

的案件，一般占检举案件总数的四分之一，最高的达三分之二。

在斗争中，女职工和职工家属提高了政治觉悟。通过运动，共产党和人民政府的威信是无比地增高了。一般妇女认为："在旧社会里做官的人贪污、做生意的人行贿，是天经地义的事，只有毛主席、共产党、人民政府才能把这些旧社会遗留下的污毒彻底铲除干净。"全国各地都有妇女检举她们的亲人和规劝她们的亲人彻底坦白的事，出现了子女当众揭发父亲，妻子动员丈夫主动交代的场面。

（五）"瞒天瞒地，瞒不过店堂伙计"

店员工人不同于一般的产业工人，与资本家关系特殊，与资本家有直接或者间接的同乡、亲戚等封建关系。争取店员尤其是高级店员，是揭开资本家罪恶深处的锁钥。1952 年 1 月 18 日，中国店员工会全国委员会关于动员全国店员积极参加检举不法商人的一封信。信中说：全国店员同志们必须认识反对贪污、反对浪费、反对官僚主义和检举不法商人是一场严重的阶级斗争，而我们店员在检举不法商人的斗争中是负有特别重要的责任。①

党和政府的号召，激发了店员参与"三反""五反"运动的热情，成为"三反""五反"运动中重要的反腐败力量，积极配合人民政府的检查工作，内外夹攻奸商的顽固堡垒。

武汉市全市店员自 1952 年 1 月上旬至 2 月 1 日止，检举不法商人的案件已有 9300 多件。重庆市各公私营企业和商店的店员在 1951 年 12 月 25—28 日举行代表大会，决定发动全市店员积极参加反对贪污、反对浪费和反对官僚主义运动。店员工会也举行全市店员代表大会，部署战斗力量，加紧围剿奸商中的"大老虎"。全国各地的广大店员工人积极检举奸商。

---

① 中国店员工会全国委员会：《中国店员工会全国委员会号召全国店员检举不法商人》，《人民日报》1952 年 1 月 22 日。

争取高级职员是攻克资本家防线的关键。这些人过去多数和资本家关系密切，有着依靠资本家的思想。又因为他们有着较高的文化水平和业务能力，所以"凭技术吃饭"思想也很浓厚。他们或者曾经在资本家指使下参与过一些不法活动，或者多少受过些贿赂，怕检举了以后会惹火烧身；或者是和老板们有亲友关系，有多年的师徒关系；或者是害怕厂店关门，自己失业，厂店受罚，自己的收入减少等。天津市和昆明市开展反腐败运动中，比较注意争取高级职员的工作。昆明市店员工人注意团结私营企业中的高级职员，有力地打击不法商人拉拢部分高级职员，破坏职工团结，抗拒运动的阴谋。

受中央委派，中央节约检查委员会主任薄一波到上海帮助"三反""五反"工作，比较注意发动店员工人与不法资本家进行斗争，上海发动店员的做法，得到毛泽东的赞扬。1952 年 4 月 2 日，上海市委向中央、华东局报告第一期"五反"的十条经验，其中有"争取高级职员是取得五反胜利的重要关键"①。4 月 4 日，毛泽东在转发上海市五反报告的批语，赞赏说："上海市委四月二日关于五反的十条经验很好。这是五反以来最完备的一次经验总结，望一切正在推行五反或准备推行五反的城市党组织，注意研究，一体遵行。"② 第二天，毛泽东在给广州市"五反"工作的指示中，让华南分局，中南局要研究仿行上海"五反"的十条经验，特意叮嘱："必须在斗争过程中从争

---

① 上海市所取得十条经验是：（一）充分准备，不打无把握的仗。（二）"五反"必须结合生产。（三）明确交代政策，破除各种顾虑。（四）从诉苦运动着手，充分发动群众，引向"五反"斗争。（五）争取高级职员是取得"五反"胜利的重要关键。（六）对资本家充分利用矛盾，多方实行分化。（七）充分运用党在资本家中间的影响和力量。（八）在政治上打掉资本家的"威风"，要他们全面交代违法事实，务求详尽确实，务求说清违法事实来龙去脉，数字务求详尽准确。（九）充分发动群众与严密控制相结合，这是保证运动正确发展与彻底胜利达到"反而不乱"的关键。（十）巩固胜利，妥善收兵，做到有始有终。

② 中共中央文献研究室编：《建国以来毛泽东文稿》第 3 册，中央文献出版社 1989 年版，第 374 页。

取高级职员"，在这点上上海的经验也是很有用的。① 毛泽东的批示，对于推广动员店员参加揭露不法商人的工作起到积极作用。

在广大店员的强大攻势下，奸商们用在年底加倍给店员分红、入股等手段欺骗店员，已经提高觉悟的店员说："分红是分红，检举是检举，多给红利挡不住检举！"不法资本家，不得不坦白认罪。他们说："瞒天瞒地，瞒不过店堂伙计。"②

新中国成立初期的党领导了"三反""五反"运动，是一场成功的反腐败实践，留给我们许多有益的经验，至少有一点不可忽视，那就是广泛发动、组织和引导群众参加反腐斗争。要把群众的反腐败力量发挥好引导好。必须走群众路线，但不可搞群众运动。

---

① 中共中央文献研究室编：《建国以来毛泽东文稿》第 3 册，中央文献出版社 1989 年版，第 378 页。

② 宋玮：《一切私营企业的高级职员要站到工人阶级这一边来》，《人民日报》1952 年 2 月 24 日。

六

建章立制，重视思想教育

（一）加强反腐败的制度建设

早在新中国成立前的民主革命时期，中国共产党制定了一批具有反腐败意义的规章制度。新中国成立初期，制定和实行了一整套适合我国国情的干部管理、政治、财经纪律，制定了惩治贪污贿赂的刑事法规，建立了相应的监察司法制度，为以后制定更完善的反腐法规打下了良好的基础。

"三反"运动处置腐败分子，有法律依据。1952年4月8日，中央人民政府委员会通过了《中华人民共和国惩治贪污条例》，对贪污罪的惩治作出明确规定，成为以后几十年来我国惩治贪污贿赂犯罪的法律依据。同月，政务院发布《关于处理贪污、浪费及克服官僚主义错误的若干规定》，对个人、集体的铺张浪费和官僚主义行为的处理作出了规定。1954年9月，第一届全国人民代表大会第一次会议通过的《中华人民共和国宪法》，规定一切国家机关人员必须"接受群众的监督"，赋予公民"对于任何违法失职的国家机关工作人员，有向各级国家机关提出书面控告或者口头控告的权利"。① 对于打击或防止国家机关工作人员的腐败行为具有重要意义。与一些人认为毛泽东轻视制度建设的观点相反，毛泽东在"三反""五反"中十分注意运用制度规则反腐败。

　　为了严肃、谨慎和适时地处理"三反"运动中贪污分子的处刑、免刑以及其他应经审判程序处理的案件，1952 年 3 月 28 日政务院第一百三十次政务会议通过关于"三反"运动中成立人民法庭的规定：凡专区以上机关、团以上部队中得成立人民法庭，在各该级人民法院和各该级军法机关领导下进行审判工作。凡案情特别复杂、罪行特别严重的案件，各单位人民法庭一时难以结案者，经该级人民政府或军事领导机关批准后，移送人民法院或军法机关审理。

表6—1　　　　　"三反"、"五反"运动中的有关文件、规定

时间、批准 发布部门	名称	主要内容	备注
1952 年 1 月 8 日政务院人民监察委员会发布	《关于反贪污反浪费反官僚主义斗争的指示》	要求各级监察委员会配合"三反"纠举压制民主的机关和人员，协助调查，弄清是非，及时处理	
1952 年 2 月中共中央指示	《关于县委书记、县长以上干部在"三反"运动中和每年年终作自我检讨的决定》	针对党内组织民主生活不正常，负责干部骄傲自满，规定县委书记、县长以上干部在"三反"运动中和每年年终作自我检讨	

_____

① 《中华人民共和国宪法》，《中共党史教学参考资料》第 20 册，国防大学编（无出版年限），第 378、386 页。

续表

时间、批准 发布部门	名称	主要内容	备注
1952 年 2 月 29 日政务院第 126 次政务会议通过，1952 年 3 月 12 日公布	《关于统一处理机关生产的决定》	结束各级机关生产，限 1952 年 4 月 30 日处理完毕	
1952 年 3 月 5 日中共中央批转	《关于在"五反"运动中对工商业户分类处理的标准和办法》	批准北京市委建议的《在"五反"运动中关于工商业户分类处理的标准和办法》，规定打击面不可过大，也不可过窄的办法；县乡一律不进行"三反""五反"运动	1952 年 3 月 12 日中共中央发布《关于"五反"分类标准的补充通知》
1952 年 3 月 8 日政务院第 127 次政务会议批准，3 月 11 日公布	《中央节约检查委员会关于处理贪污、浪费及克服官僚主义错误的若干规定》	规定处理贪污、浪费及官僚主义错误的方针、步骤、批准权限	1952 年 4 月 2 日中共中央向中南局和各中央局、分局转发了对《关于处理贪污、浪费及克服官僚主义错误的若干规定》中的某些条文做出解释
1952 年 3 月 20 日中共中央发布	《中共中央关于在"三反"运动中共产党员犯有贪污、浪费、官僚主义错误给予党内处分的规定》	利用"三反"运动所取得的成果对党的各级组织进行一次整顿和纯洁，惩处党员中所发生的贪污现象和官僚主义作风，对犯有贪污、浪费、官僚主义错误的党员给予党内处分的规定	

时间、批准 发布部门	名称	主要内容	备注
1952年3月21日政务院第129次政务会议通过，3月24日由政务院公布施行	《关于"五反"运动中成立人民法庭的规定》	规定了设立人民法庭和分庭的具体条件，规定了审判长、副审判长、审判员人选的标准，规定了刑事处分的批准权、判决、程序等	
1952年3月28日政务院第130次政务会议通过，并于1952年3月30日由政务院公布施行	《关于在"三反"运动中成立人民法庭的规定》	规定专区以上机关中、团以上部队中设立法庭，县成立人民法庭，规定了审判长、副审判长、审判员人选的标准，规定了刑事处分的批准权、判决、程序等	
1952年3月28日政务院第130次政务会议通过，并于1952年3月31日由政务院公布施行	《中央节约检查委员会关于追缴贪污分子赃款赃物的规定》	对追缴机关、部队、学校、企业内的贪污分子赃款赃物作出规定	
1952年4月4日中共中央发布	《关于在"三反"运动中对于贪污分子量刑的指示》	根据中华人民共和国惩治贪污条例的规定，结合中共中央关于处理贪污浪费问题若干规定，对"三反"运动中对于贪污分子量刑	
1952年8月19日政务院发布	《关于加强人民监察通讯员和人民检举接待室的指示》	要求普遍发展人民监察通讯员，建立人民检举接待室，规定人民监察通讯员的任务	

资料来源：中共中央文献研究室编《建国以来重要文献选编》第2、3册，中央文献出版社1992年版；孙彤辉等《中央纪委中央监委工作纪实》，中国方正出版社1995年版；中央纪委纪检监察研究所《中国共产党反腐倡廉文献选编》，中央文献出版社2002年版；李雪勤等编《新中国反腐败大事纪要》，南开大学出版社1999年版等。

表 6—2　　　　　　　　 20 世纪五六十年代若干财经、干部管理制度

名称	颁布时间、部门	主要内容
《关于各地干部来京治病办法的规定》	1950 年 1 月　中共中央组织部和中央军委总政治部	凡来京治病的干部不准携带妻子和任何亲属以及过多的勤务人员，治愈后立即返回原单位，不得故意延长在京时间。各单位或个人如给来京治病干部之附带任务所需运费、路费、衣食住宿等，必须携带现款由自己负责
《关于禁止机关部队从事商业经营的指示》	1950 年 4 月　国务院财政经济委员会	禁止机关部队从事商业经营
《关于实行国家机关现金管理规定》	1950 年 4 月　政务院	规定有关单位一定限额之外的所有的现金票据，存入中国人民银行或委托机构
《财政部设置财政检查机构办法》	1950 年 11 月　政务院	要求分别在中央财政部、各大军区财政部、各省市财政厅、局、各专署及市财政局设检查司、处、科、股及财务检查员，形成了财务检查体系，及时发现违反国家财政政策、法令、制度、纪律及其他犯罪的事件，提出处理意见，负责将重大事件报请移送监察委员会或监察机关处理
《关于财经部门增设专司政治工作的副职的决定》	1952 年 8 月　中共中央	副职的基本工作是负责本系统本单位的政治教育和人事工作
《省（市）以上各级人民政府财经机关与国营财经企业部门监察室暂行组织通则》	1952 年 12 月　政务院	要求（市）以上各级人民政府财经机关与国营财经企业部门设立监察室，在各机关、部门及所属单位执行监察任务
《关于党政军负责人员视察、参观、休养、旅行时地方负责人不许接送、宴会和送礼的规定》	1953 年 12 月 15 日　政务院	规定党政军负责人员视察、参观、休养、旅行时地方负责人不许接送、宴会和送礼

续表

名称	颁布时间、部门	主要内容
《中央国家机关工作人员住用公家宿舍收租暂行办法》《中央国家机关工作人员住用公家家具收租暂行办法》《中央国家机关工作人员住用公家宿舍水电收费暂行办法》	1955 年　国务院	规定中央国家机关工作人员住用公家宿舍收费暂行办法
《关于国家行政机关工作人员的奖惩暂行规定》	1957 年 10 月 2 日　国务院	规定勤政、廉政奖励条件，列举给予纪律处分的 12 种表现
《关于降低国家机关三级以上领导干部工资标准的决定》	1959 年 2 月 7 日　中共中央	规定从 1959 年 3 月起，将国家机关一、二、三级的工资标准，合并为一级，并且降低为 400 元（按一类地区计算）
《关于不准请客送礼和停止新建招待所的通知》	1960 年 11 月 13 日中共中央	规定不准请客送礼和停止新建招待所
《关于厉行节约的紧急通知》	1962 年 3 月 14 日　中共中央国务院	规定厉行节约的方针、要求

资料来源：《中央人民政府法令选录（1949—1990）》，法律出版社 1980 年版；中共中央文献研究室编《建国以来重要文献选编》第 1、2、3、4 册，中央文献出版社 1992 年版；吴小妮《50 年代反腐倡廉与法制建设的经验》，《中国行政管理》2001 年第 3 期。

这一时期，党中央制定了不少法规、条例。

第一，纪检监察工作制度。纪检监察工作，是在各级党委的领导下，由国家机关负责，并且依靠人民群众而开展工作的。行政监察，是自上而下的群众监督与专门的监察机制相结合。毛泽东、党中央在执政后充分认识到加强党的纪检监察工作的重要性。1949 年 11 月，中共中央公布了《关于成立中央及地方各级党的纪律检查委员会的决定》。到 1953 年年底，全国组建监察机构 3586 个，其中省（市）以上监委 51 个，专署（市）监察处 253 个，县（市）监委

1775 个，财经机关和企业部门监察机构 1507 个。全国配备专职和兼职监察干部 18000 个，还聘任人民监察通讯员 78190 人。① 1955 年《纪律检查工作》刊登了《关于中央纪律检查委员会的组织机构和业务范围的规定》，指出：中央纪委是检查和处理违反党纪的党员和党组织的办事机关。不久，中央纪律检查委员会和地方纪律检查委员会陆续建立起来了。在高岗、饶漱石问题暴露后，中央认识到加强党内监督的必要性。1955 年 3 月 21 日，毛泽东在中国共产党全国代表会议上的开幕词中说："中央委员会认为有必要在这个时候按照党章成立中央监察委员会，代替过去的纪律检查委员会。"② 1955 年 3 月 31 日，中国共产党全国代表大会通过了《关于成立党的中央和地方监察委员会的决议》，决定在党的中央和地方各级组织立即成立监察委员会，以便更有力地对党员中违反党章党纪和国家法律制度的行为作经常的坚决斗争。在 1956 年党的八大上通过的党章中，进一步规定了党的监察委员会的组织形式以及职权范围，并指出任何党员和党的组织，必须受到党的自上而下和自下而上的监察。在 11 月 27 日的第二届中央监委的第一次全会上，通过了《中央监察委员会关于处分党员批准权限的具体规定》和《中央监察委员会工作细则》。年底，监察部召开全国第六次监察工作会议，对国家行政监察机关的体制作了专门讨论。根据会议方案，县及不设区的市和市辖区人民委员会，在报请上一级人民委员会批准后，可以设立监察机关，这是从体制上加强国家行政监察机关及其工作的一项措施。

1961 年，我国在农村基层建立各级监察委员会，分别为公社、生产大队和生产队三级监察委员会，对于控制 20 世纪 60 年代初期农村的党政干部的腐败或不廉洁行为起了一定作用。在党的八大以后，党的各级监察机关和行政监察机关，努力围绕党和政府的中心

①　彭勃：《关于建国以来监察体制的探索与实践》，《当代中国史研究》1995 年第 1 期，第 14—15 页。

②　中共中央文献研究室编：《建国以来毛泽东文稿》第 4 册，人民出版社 1992 年版，第 61 页。

任务开展工作。在 1957 年整风运动中，监察部处理了广西因灾荒而饿死人的事件，积极配合了当时开展的反对主观主义、官僚主义和宗派主义的整风运动。

不过，监察工作也出现了一点曲折。1959 年 4 月 28 日，八届人大一次会议作出了撤销司法部、监察部的决议。但是，党的监察工作并没有因为撤销司法部和监察部而停止，相反，在一定程度上得到了加强。各级行政监察机构撤销后，原有的职能归属到各级党的监察机构。决议还指出：监察工作必须在各级党委的领导下，由国家机关负责，并且依靠人民群众才能做好。1962 年 9 月 29 日，中共八届十中全会通过了《关于加强监察机关的决定》（以下简称《决定》），从各个方面加强党的监察机关，各级党的委员会加强对同级监察委员会的领导，党的各级监察委员会加强对同级国家机关党员的监督。《决定》扩大了各级监察委员会委员的名额。中央监察委员会的委员和候补委员，列席中央委员会的全体会议。地方各级监察委员会的委员和候补委员，列席同级地方党委员会的全体会议。党的各级监察委员会，加强监督同级国家机关党员的工作。"中央监察委员会可以派出监察组常驻国务院所属各部门。监察组由中央监察委员会直接领导。监察组的任务是：经常了解并向中央委员会和中央监察委员会报告所在部门及其直属单位的党员，首先是党员干部，遵守党章党纪、共产主义道德、国家法律法令，以及执行中央的政策、决议的情况；并且根据中央监察委员会的指示，直接检查或者协助所在部门的党组织检查所属党员违反党的纪律、共产主义道德和国家法律法令的案件。"[1] 在职权上扩大了上诉权限。"地方各级监察委员会有权不通过同级党委，向上级党委、上级监察委员会直到党中央，直接反映情况，检举党员的违法乱纪行为。"[2] 邓小平对这一时期的纪检监察工作评价说："党的各级监察机关的建立和健全，对于反对党内不良倾向的斗

---

① 中共中央文献研究室编：《建国以来重要文献选编》第 15 册，中央文献出版社 1997 年版，第 573 页。

② 同上书，第 574 页。

争，具有重大的意义。"各级纪律检查委员会的"工作是有成效的"①。在20世纪60年代的"四清""五反"运动中，查处了大量的违法乱纪案件，监察工作有所加强。

　　第二，财经制度。在长期的反腐倡廉工作中，党中央和毛泽东深刻地认识到，腐败分子善于钻财经制度的空子。在解放区根据地时期，我党已有了一套财经与干部管理方面的制度。新中国成立后，党和国家根据财经机关和国家财经企业部门及其工作人员的实际情况，发布不少财经制度。1950年4月，国务院颁布了《关于实行国家现金管理规定》，11月，国务院又颁布了《财政部设置财政检查结构办法》，规定了国家现金与票据的管理办法；1952年8月，党中央发出了《关于财经部门增加专司政治工作的副职的决定》。各项财经监察制度的制定与初步完善，使财经系统的工作人员受到严格的经常的监督检查，大大减少和防止了消极怠工、贪污贿赂和官僚主义等腐败现象。1961年6月15日中共中央制定的《农村人民公社工作条例（修正草案）》，提出建立生产、分配、财务等方面的管理制度。② 1962年3月14日，中共中央、国务院作出《关于厉行节约的紧急规定》，详细规定了各级单位和干部厉行节约的具体要求。在反对干部特殊化过程中，同样十分重视制定必要的规章制度。

　　第三，在干部管理方面，也制定了一些制度。成为执政党后，党员干部很容易利用职权捞取私利、贪图享乐、铺张浪费、脱离群众。党和政府为加强干部管理，制定了许多规章制度。由于革命战争在农村分散的环境中和持久的条件下进行，机关生产曾经为保证机关消费的需要，起过一定的积极作用。全国胜利后，机关生产的必要性已逐渐减少，而许多国家工作人员分散精力，沉溺于机关生

---

　　①　《邓小平文选》第1卷，人民出版社1994年版，第254页。

　　②　规定"生产大队必须严格执行财务计划，严格遵守财务制度"，"一切开支都要遵守规定的批准手续"，"一切收支账目都要日清月结，按月向社员公布。会计管账不管钱，出纳员管钱不管账。""生产队必须建立和健全财务管理制度。"在生产队设立监察委员会或者检察员。（参见中共中央文献研究室编《建国以来重要文献选编》第14册，中央文献出版社1997年版，第396、401页。）

产之中，容易引发追逐利润，贪图享乐，引发严重的贪污浪费现象。机关生产已在新中国成立后全国反贪污、反浪费、反官僚主义斗争中成为最普遍而必须解决的问题。1950 年 4 月，政务院财政经济委员会发出了《关于禁止机关部队从事商业经营的批示》，对违反者"视其情节严重，分别予以征购、没收等应得之处分。其关系重大者，可冻结物质和现金，报请上级处理"①。最终，1952 年政务院发布了《统一管理机关生产的决定》，决定结束机关生产，并对如何处理和结束机关生产作了规定，例如规定在今后 3 年内，各级国家机关、党派、团体、部队和企业、事业一律不许购买家具和非生产性设备；全国各级招待部门库存备用的高级物品一律冻结，听候调配处理；各单位一律不准用公款请客送礼；所用办公用房、集体宿舍和个人宿舍，除因漏塌必须维修外，一律不得扩建、改建、粉刷或油饰等。

在制约干部搞特权、防止脱离群众方面，党和政府制定了许多制度规则。有代表性的制度法规主要有：1953 年 10 月 15 日，中央人民政府政务院作出了《关于党政军群负责人视察、参观、休养、旅行时地方负责人不许接送、宴会和送礼的规定》，从厉行节约，发扬党的光荣传统和艰苦奋斗的优良作风出发，提出要求：各级政府、军队、党派、团体的各系统的任何负责人，凡赴各地视察、参观、休养或旅行时，当地负责人一律不许接送、宴会和送礼。当他们在某地停留时，除因视察工作须有当地有关人员随同前往外，一般参观游园可由招待人员引导，无须当地负责人员陪同前往；各系统的负责人员亦不得向当地负责人员提出上述各种要求。1959 年又制定和颁布了中央国家机关工作人员住用公家宿舍、使用公家家具、宿舍水电收费的暂行办法。1960 年 11 月 3 日，中共中央下达了《关于不准请客送礼和停止新建招待所的通知》，周恩来 1960 年 10 月 23 日报送毛泽东等核阅的这一中央通知稿说，中央曾多次指示全党同志不请客，不送礼，不讲阔气，

---

① 中共中央文献研究室编：《建国以来重要文献选编》第 1 册，中央文献出版社 1992 年版，第 201—202 页。

不讲排场，各地区各部门执行这一指示是有成绩的。但也有少数地区和部门执行不够坚决。为纠正一切铺张浪费现象，再作如下规定：（一）一切机关、厂矿、企业、部队、学校、团体、人民公社，都不准向任何单位和个人赠送或变相赠送礼物。（二）试制成功的新产品，只能对直接主管部门送一份样品。不许以献礼或其他任何名义赠送上级领导机关或其他单位和个人。（三）中央和地方各级负责人下去视察和参观时，当地负责人不得迎送，严禁组织群众迎送；生活招待一切从俭，禁止举办宴会和特殊招待，吃饭应按标准收取费用和粮票。（四）精简会议。凡不需要或者可以不开的会议，应当一律不开；凡可开可不开的会议，应当不开；凡性质重复、任务相同的会议，应当合并召开；凡必须召开的会议，应当压缩参加人数，并且严格执行财政部规定的会议开支标准。（五）从中央机关到人民公社，今后七年内，一律不准新建招待所和其他非生产性建设。如遇特殊情况需要新建时，须报中央或省、市、自治区批准。① 在 11 月 3 日审阅时，毛泽东将这一通知稿的下发日期改为"1960 年 11 月 3 日"。也就是当天审阅，当天公布下发。这些规章制度，法令法规对于反腐败的意义不可低估。

　　法规条令要发挥作用，必须严格纪律要求，严格执法，依法治罪。1951 年 12 月 1 日，中共中央颁布了《关于实行精兵简政、增产节约、反对贪污、反对浪费和反对官僚主义的决定》，规定："一切从事国家工作、党务工作和人民团体工作的党员，利用职权贪污和实行浪费，都是严重的犯罪行为"，应"按其情节轻重，给以程度不同的处理，从警告、调职、撤职、开除党籍、判处各种徒刑，甚至枪决"②。"凡在其所属机关、部队、团体、学校或企业中发生了严重的贪污现象或浪费现象，而事先毫无觉察、事后又不严厉惩治者，称为严重的官僚主义。这种严重的官僚主义分子。虽然没有亲手参加贪污行为或浪费

---

　　① 中共中央文献研究室编：《建国以来重要文献选编》第 9 册，中央文献出版社 1996 年版，第 340—341 页。

　　② 中共中央文献研究室编：《建国以来重要文献选编》第 2 册，中央文献出版社 1992 年版，第 483 页。

行为，亦应以失职论处，决不宽恕。"① 这两段话，是毛泽东写的。1952 年 4 月，毛泽东在中共中央关于在"三反"运动中对于贪污分子量刑的指示中明确指出："对于每一个贪污分子判刑，必须根据事实与证据，实事求是地、客观全面地加以分析研究、公开审判，作出正确的结论。必须反对粗枝大叶、马虎从事、虎头蛇尾、不了了之、不注意调查研究、不依据事实证据、不让贪污分子讲话、不敢公开审判、仅凭主观片面的推测、估计即作结论的错误做法。"② 5 月 10 日，毛泽东在重工业部关于"三反"追赃定案经验报告上批示："现当三反运动进至法庭审判、追赃定案阶段，必须认真负责，实事求是，不怕麻烦，坚持到底，是者定之，错者改之，应降者降之，应升者升之，嫌疑难定者暂不处理。"③

　　总之，新中国成立初期的反腐败，已经注意运用规章制度了，在许多方面已作了详细的规定。不能因为"文化大革命"的破坏，而认为新中国成立初期是制度虚无的时代。

——————————

　　① 中共中央文献研究室编：《建国以来重要文献选编》第 2 册，中央文献出版社 1992 年版，第 484 页。这个规定与 1998 年 11 月 21 日中共中央、国务院颁发的《关于实行党风廉政建设责任制的规定》有十分的相似之处。后者在第四章第十二条第一款规定："对直接管辖范围内发生的明令禁止的不正之风不制止、不查处，或者对上级领导机关交办的党风廉政建设责任范围内的事情拒不办理，或者对严重违法违纪问题隐瞒不报、压制不查的，给予负直接领导责任的主管人员警告、严重警告处分，情节严重的，给予撤消党员职务处分。"（参见中央纪委党风廉政建设室编《时代呼唤责任——党风廉政建设责任制的探索与实践》，中国方正出版社 2001 年版，第 407 页。）

　　② 中共中央纪委纪检监察研究所编：《中国共产党反腐倡廉文献选编》，中央文献出版社 2002 年版，第 49 页。

　　③ 中共中央文献研究室编：《建国以来毛泽东文稿》第 3 册，人民出版社 1989 年版，第 445 页。

（二）以案说法，教育人民

　　毛泽东绝不认为，仅仅惩处几个罪大恶极的腐败分子，就能彻底消除腐败了。要想解决和平环境下党员干部被资产阶级严重腐蚀的问题，必须提高整个党员干部队伍的素质，提高执政水平。惩处是手段，防止腐败，巩固政权才是目的。惩处犯错误的党员干部，也是对犯错误的党员干部的教育，对未犯错误的党员干部的意义在于打预防针，也是一种教育。1952 年 2 月 29 日，毛泽东在给陈毅关于华东军区打虎情况和部署的报告复电中说：中央正考虑 50 万元以下而且是 100 万元（旧币，一万元等于 1 元）以下的所谓贪污分子，一般不算作贪污，而算作占小便宜或公私不分，以便解脱更多的人，利于教育。① 1953年 1 月 5 日，毛泽东在中央关于反官僚主义、反命令主义、反违法乱纪的指示中说，对群众所痛恨的违法乱纪分子以惩处，"最严重者应处极刑，以平民愤，并借以教育干部和人民群众"②。

　　20 世纪五六十年代的一些公社干部"一平二调"贪污腐化官僚主义十分严重。毛泽东认为对公社的所有工作人员，"应当分别情况，适当处理。教育为主，惩办为辅"③。

　　大张旗鼓地反腐败宣传，对腐败行为具有强烈的震撼作用。营造反腐败社会气氛，能够使人民群众受到反对腐败，建设清明社会的教育。许多地方大张旗鼓地处理违法乱纪案件，给广大干部群众以强烈的震撼。

　　腐败典型，是反腐败的思想政治教育的反面教材。毛泽东说过："凡典型的官僚主义、命令主义和违法乱纪的事例，应在报纸上广为

---

　　① 中共中央文献研究室编：《建国以来毛泽东文稿》第 3 册，中央文献出版社 1989 年版，第 274 页。

　　② 中共中央文献研究室编：《建国以来毛泽东文稿》第 4 册，中央文献出版社 1990 年版，第 10 页。

　　③ 《毛泽东文集》第 8 卷，人民出版社 1999 年版，第 163 页。

揭发。"① 严厉惩处腐败分子，必然在全社会产生强烈的反响，有利于教育干部群众。在处决刘青山、张子善前，毛泽东对薄一波说："只有处决他们，才可能挽救 20 个，200 个，2000 个，20000 万个犯有各种不同程度错误的干部。"② 处决刘、张，毛泽东考虑的是如何维护党的事业，如何利用案件更好更多地挽救犯有腐化错误的干部，要让广大党员干部从刘青山、张子善的案件中受到深刻的教育，清算入城以来资产阶级思想对党的腐蚀与影响，吸取教训，争取廉洁自律，克己奉公。

1951 年 12 月 20 日，中共天津地方委员会作出《关于肃清刘青山张子善带给党内的资产阶级思想影响的决定》（以下简称《决定》），务使每个同志从刘、张大贪污事件中得到教育，把资产阶级的腐化影响从党内彻底清除出去，利用这一事件提高干部思想觉悟，以进一步从政治上、思想上、组织上巩固天津地区党的组织。决定说："还有一些同志认为与自己无关，对这一斗争不关心、不积极，这种想法是错误的。这是对刘、张贪污事件的严重性认识不足，没有认识到这一斗争是带有历史意义的，是关系到党的建设、国家建设和千百万人民利益的重大问题，每个同志都必须从这个事件中得到教训。""从刘青山、张子善贪污事件的教训中，各级党的组织和全体同志应深刻认识到资产阶级腐化影响对党的严重危害，高度警惕起来，提高政治敏感性，认真学习马克思列宁主义和毛泽东思想，提高我们的政治觉悟和理论水平，保持党的无产阶级的纯洁。"③

为了充分利用刘青山、张子善案件这个反面教材，肃清刘青山、张子善思想影响，教育党员干部和群众，天津市委决定通过此事件进行干部整风：采取由党内到党外、由上到下、逐级贯彻的方法。首先进行专区级的干部整风，自上而下和自下而上地深入开展批评与自我

① 《毛泽东文集》第 6 卷，人民出版社 1999 年版，第 255 页。

② 薄一波：《若干重大决策与事件的回顾》上卷，中共中央党校出版社 1991 年版，第 152 页。

③ 中国共产党天津地方委员会：《关于肃清刘青山张子善带给党内的资产阶级思想影响的决定》，《人民日报》1952 年 1 月 3 日。

批评，使党内的资产阶级思想影响得以肃清。

按照工作部署，1951 年 12 月河北省天津专区级机关全体党员揭发贪污分子刘青山、张子善的罪行，向贪污蜕化思想和自由主义开展了无情的斗争，揭发并批评了官僚主义。这就使参加会议的同志得到了一个深刻的思想教育和锻炼的机会。① 参加讨论的同志表示："经过这次反对刘、张罪行的斗争，使我们的思想水平提高了，初步划清了无产阶级和腐朽的资产阶级思想的界限。"天津市各级党政机关及学校、团体，多数党员经过对这一事件的讨论，认识到资产阶级思想的侵袭，如不及时扑灭，可能招致"亡党亡国亡头"的危险。因而也进一步认识到开展反贪污、反浪费、反官僚主义斗争的重要意义。很多党员对自己提出了警告，表示："刘、张二人在残酷的环境中，没有动摇变节；胜利后却被花花世界所诱惑，造成叛党叛人民的罪恶，资产阶级的这种糖衣炮弹是必须警惕的！"②

华北区发动一级机关、团体对刘、张事件展开讨论，许多干部，从刘、张事件中，深深体会到资产阶级思想对革命部队腐蚀的严重性，都联系自己的思想，进行了检讨。有人说："过去认为我的居功自傲思想没有什么，今天看到刘、张所犯错误的严重性，自己大吃一惊，我们应该时时警惕自己。"中共中央华北局机要处的同志们，经过讨论，认识到刘、张不仅仅是犯了贪污罪行，更严重的是刘、张利用职权，利用组织腐蚀党、瓦解党，要党为他们的卑鄙目的服务，这是一种叛党的政治罪恶。

通过大讨论大检查，党员干部和群众获得一次难得的反腐倡廉教育，许多犯有不同程度错误的干部，如梦初醒。有干部从处理刘青山、张子善贪污案中所得到的教训，表示刘青山、张子善大贪污案，给他们上了极为重要的一课，重重地打击了他们正在发展着的个人主义和官僚主义。

---

① 《河北省天津专区级机关全体党员连续讨论五天，揭发贪污分子刘青山、张子善的罪行》，《人民日报》1952 年 1 月 4 日。

② 《广大党内外群众　一致拥护开除刘青山、张子善党籍的决定》，《人民日报》1952 年 1 月 3 日。

在 1953 年的"新三反"运动中，也采用了严肃处理典型事件，教育一般干部的办法。从中央机关到各地党政机关，基本上是按照这种思路展开的。这样的思路，被河北省委书记林铁明确概括为"典型处理，教育一般"。在"新三反"运动中，注意惩治与教育相结合，表现比较突出的是河北省和山东省。

1953 年 1 月 20 日，河北省委召开了反官僚主义、反命令主义、反违法乱纪典型案件处理大会，严肃地处理了易县台底村支部副书记违法乱纪的案件和石家庄市植物油总厂领导干部官僚主义的案件。之后，河北省委连续处理了一批严重违法乱纪的典型案件，惩办了一些欺压人民的坏分子。这些典型案件的处理，都通过《河北日报》公开发表，对干部和群众起了很大的宣传教育作用。河北的做法得到了中共中央的肯定。3 月 6 日，毛泽东在转发关于开展"新三反"斗争经验时指出："希望各省市委仿照河北省委的榜样，在 1953 年内结合各项工作，有领导地开展新三反斗争，并请在春季三个月内选择几个典型案件，由省委书记亲手主持，开展斗争，在报上揭露，以为全省倡导。"①

山东省的"新三反"运动，也采用了严肃处理典型事件，教育一般干部的做法。运动开始后，《大众日报》连续报道违法乱纪官僚主义的典型，以推动这一运动。山东分局认为这是教育全省领导干部、推动"新三反"运动的典型事件，立即发出指示，要求"各地各县都应当选择出工作人员中好坏两种典型。要先抓住比较突出的典型的坏人坏事加以处理，以打击邪气，伸张正义，振奋人心，为反对官僚主义、命令主义及违法乱纪斗争开辟道路。而后要选择比较典型的好人好事加以表扬，以发扬正气，树立榜样。在选择好人好事时，不要求其过于完备，即便是一个村、一个乡、一个区或一个县的领导干部在一件事、一种工作上做的为群众满意，有值得学习的地方，也应当加

① 中共中央文献研究室编：《建国以来毛泽东文稿》第 4 册，中央文献出版社 1990 年版，第 92 页。

以表扬"①。山东分局的这个指示，贯彻了毛泽东的指示：全省每一县都要选择一个典型的足以令人警戒的坏人坏事和一个典型的足以令人仿效的好人好事，登载报纸。

（三）系统的理论学习，提高思想觉悟

中共一直重视干部的理论学习。全国的解放，使马克思主义的学习、研究、宣传获得了空前优越的条件。

第一，在整党工作中加强党员标准的教育。

1951 年 3 月 4 日，在第一次全国组织工作会议上，刘少奇作了《为更高的共产党员的条件而斗争》的报告，详细阐述和论证了执政党必须提高党员条件、严格入党手续、加强共产主义教育、纯洁党的组织等思想，提出要在全党普遍进行一次关于共产主义和共产党的教育。

刘少奇亲自起草了《关于共产党员标准的八项条件》，这是我们党第一次正式明确规定的党员标准。党员标准成为 20 世纪 50 年代初对党员普遍进行政治教育的内容，其中不乏直接的廉政建设的内容，如：第四条"一切党员必须执行党的政策和决议，严格地遵守党的纪律，积极地参加党所领导的革命运动和建设工作，并在人民群众中起模范作用。对于党内党外一切损害党的利益的现象必须进行坚决的斗争"。第五条"一切党员必须把人民群众的公共利益，即党的利益，摆在自己私人的利益之上，党员的私人利益必须服从人民的即党的公共利益。"第六条"每一个共产党员，应该经常地用批评与自我批评的方法，检讨自己工作中的错误和缺点，并及时地加以纠正。谁如果是一个有了严重的错误而不能改正，并居功骄傲，自高自大，坚持错误的人，谁就不能作共产党员"。第七条"党员是人民的勤务员，不

---

① 《中共胶州地委具体领导处理苑克茂违法乱纪案件，创结合中心工作处理坏人坏事的范例》，《人民日报》1953 年 3 月 19 日。

是人民的'老爷'。一切党员必须全心全意地为人民群众服务，虚心地听取人民群众的要求和意见，及时地向党反映，并把党的政策向人民群众作宣传解释，使党与人民群众保持密切的联系，领导群众前进"①。

按照党中央的部署，1953年冬，开展了农村整党，共整顿了7.5万个支部，参加的党员有120万余人。②通过学习，干部提高了对共产党的奋斗目的、共产党员的私人利益要服从人民利益、全心全意为人民服务的认识，批判了强迫命令以及违法乱纪现象。不少党员真正认识到党内剥削思想的危害性。有的地方进行了有成效的党员学习，"注意通过具体事件进行教育"，"多数党员思想觉悟得到提高"③。

经过学习教育，党员全面地了解了做一个党员的标准，重点地解决了广大党员思想上的主要问题。在学习活动中，严肃认真地做好审查处理工作，清洗了坏分子，处分或批评教育犯有严重错误的党员，达到了纯洁党的组织的目的。

第二，干部进行系统的政治理论学习，提高政治觉悟和理论水平。

在中共中央的指示下，全国各地方不断发布关于干部学习的决定，进行系统政治理论学习，提高政治修养，帮助干部树立科学的世界观、历史观、人生观，增强抵御腐化的能力。

1953年1月7日，中央组织部负责人安子文在中共中央直属机关干部学习会上的报告中说：我们党组织的生活中还存在着相当严重的消极的和不健康的现象。为了加强党与人民群众的联系，彻底消灭在我们党组织内所存在的消极的和不健康的现象，必须采取一些积极的有效的措施，其中包括："在党内，在一切基层组织内，在党校和党的训练班内，在一切党报党刊上，在党的一切会议上，进行有系统的

————————

①　中共中央文献研究室编：《建国以来重要文献选编》第2册，中央文献出版社1992年版，第206—208页。

②　《农村整党工作的几点经验》，《人民日报》1953年4月2日。

③　《中共长治县璩寨村支部领导工作的经验》，《新华月报》1953年第5期，第88页。

教育。"①

1953 年 4 月 23 日，中共中央发布关于为期四年的干部理论教育的指示，规定全党干部理论学习的高级组和中级组在 1953 年 7 月到 1954 年 12 月的一年半时间内，学习《联共（布）党史》第九章到第十二章和列宁、斯大林论社会主义经济建设的一部分著作。在进行上述学习计划时，还要适当参考关于中国经济的文献。为加强学习效果，各地必须根据党中央历来指示，组织高级干部作有关目前我国经济状况、经济工作状况和党的政策方针的报告。关于理论学习时间（包括阅读、上课和小组讨论）方面，规定为每周 4 小时至 6 小时。

1955 年，中共中央规定：从 1955 年下半年到 1956 年 9 月，全党高级干部中的一半进入中共中央高级党校轮训，其余的高级干部则采取自修的办法，使他们在 5—7 年内学完高级党校的课程。党的各级组织一般都采取开办党员训练班、上党课以及整党等方式，对全体党员进行关于共产主义和共产党的基本知识的教育，以及关于党在过渡时期的总路线等教育。对候补党员和新党员还系统地进行了关于党员八项条件的教育。

1961 年 9 月 15 日，中央发出《关于轮训干部的决定》，决定对全国县委书记和相当于这一职务以上的党员干部，采取办短期训练班的方式，普遍进行一次轮训，目的是为了克服干部中脱离实际、脱离群众，违反纪律、违反政策的错误，以提高干部的思想政治水平，增强党性，使干部在学习中反思自己在工作中的违规违纪、侵犯群众利益的错误行为。同时，中央还进行了重新教育党员的工作，教育内容主要是党的基本知识和党的优良传统，以使每一个党员懂得什么是共产主义、社会主义和党的优良传统，怎样做一个共产党员。这项工作到 1962 年年底基本结束。对党员和党的干部进行政治理论教育，取得了显著成效。许多干部在学完党校课程以后，思想认识水平都有了相当

---

① 安子文：《为消除党组织内的消极的和不健康的现象而斗争——一九五三年一月七日在中共中央直属机关干部学习会》，《人民日报》1953 年 2 月 12 日。

的提高。

第三，挑选一些有关廉洁政治意义的专项理论资料，供干部学习。

1951 年 2 月 13 日，中共中央华北局、华北军区、华北事务部和华北级各机关团体联合举行反对贪污反对浪费和反对官僚主义的动员大会，中共中央华北局书记薄一波作的动员报告中说："全体干部都应当学习斯大林的'论苏联经济形势与党的政策'第四节——'论节约制度'，从提高思想认识的基础上来开展反贪污反浪费反官僚主义运动，肃清党内的腐朽的自由资产阶级思想作风和国民党作风的影响。"① 1951 年 2 月 16 日，《人民日报》冠以《论节约》发表了斯大林的文章节录，这是斯大林在 1926 年 4 月 13 日向列宁格勒党组织的活动分子所作的报告《论苏联经济形势与党的政策》的第四节，原题"积累之正当利用，节约制度"。斯大林批评浪费现象："我们现在盛行宴会、各种节日、盛大会议、纪念典礼、纪念碑开幕等，花了几万几十万的卢布。要在工人和农民中间掀起一个运动，造成一种精神的气氛，这种气氛排斥偷盗的可能性，使偷窃人民财物的盗贼不能生活与存在。必须进行坚决的斗争，以反对我们管理机关中及我们生活中的各种浪费，反对我们最近看到的对人民财物和对国家后备金的罪恶态度。"编者按说："斯大林同志在这里的指示，对于今天我们的反贪污、反浪费、反官僚主义的斗争完全适用，所以我们决定将这一段文字重行发表，希望所有读者注意阅读。"② 选编斯大林的材料，有利于推动我国开展反腐败运动。

毛泽东新中国成立前的著作中曾多次指示要实行精简节约，反对贪污，反对浪费，对于新中国成立初期进行的反贪污、反浪费、反官僚主义的斗争，仍然是适用的。1951 年 12 月 21 日，《人民日报》发表了毛泽东同志论反对贪污浪费的言论。编者按说："这些指示的大部虽是中华人民共和国成立以前所作，但是它们的精神，希望全党同

---

① 《大张旗鼓开展反贪污反浪费反官僚主义运动　中共中央华北局等机关举行动员大会　薄一波同志号召开展检查运动肃清腐朽的资产阶级思想影响》，《人民日报》1951 年 2 月 13 日。

② 《人民日报》1951 年 2 月 16 日。

志注意加以研究，来指导当前的斗争。"① 还选编了毛泽东著作《我们的经济政策》（1934 年 1 月 23 日）中的一段话："财政的支出，应该根据节省的方针。应该使一切政府工作人员明白，贪污和浪费是极大的犯罪。反对贪污和浪费的斗争，过去有了些成绩，以后还应用力。节省每一个铜板为着战争和革命事业，为着我们的经济建设，是我们的会计制度的原则。我们对于国家收入的使用方法，应该和国民党的方法有严格的区别。"②

斯大林和毛泽东论反对贪污浪费的语段，对改造干部思想，提高思想觉悟，保持廉洁，具有针对性和指导意义。

第四，掀起学习毛泽东著作的热潮。

毛泽东思想是中国革命和实践经验的总结，毛泽东著作是对党员干部进行教育的教科书。在革命战争年代，毛泽东思想没有得到全面系统的学习，新中国成立后，曾经在全国范围里掀起了学习毛泽东著作的浪潮。

1951 年 7 月 1 日，中共中央《毛泽东选集》出版委员会发出通知，号召全体人民学习毛泽东著作。1951 年 10 月 12 日，《毛泽东选集》第 1 卷出版发行。连续几年，报纸杂志纷纷介绍、评述毛泽东著作的重要篇目。1960 年 9 月，《毛泽东选集》第 4 卷出版发行。1964 年 7 月，《毛泽东著作选读》甲乙种版本出版发行。同时，还出版了各种少数民族文字版、盲文版、外文版的毛泽东著作，有关单位还出版了各种专题性的毛泽东著作。

1958 年，河北、北京决定掀起学习马克思列宁主义，特别是学习毛泽东著作的高潮，推进理论学习，培养又红又专的理论队伍。

北京市委决定，计划从 1958 年开始，在 5 年左右的时间内，北京市委和各级党委培养出一批政治品质优良，具有一定的实际工作经验，系统地学习过毛泽东的著作和马克思、列宁等的著作，理论与实践相一致的马克思列宁主义理论工作干部。1966 年 1 月，北京

① 《人民日报》1951 年 12 月 21 日。

② 《人民日报》1951 年 12 月 21 日。

市委向各级党组织发出通知，安排1966年全市干部和群众学习毛主席著作，提倡领导干部挤时间通读《毛泽东选集》1、2、3、4卷和毛泽东的其他著作，有条件的还可以选读马克思、恩格斯、列宁、斯大林的著作。工农群众主要是结合思想和工作学习《毛泽东著作选读》乙种本和《毛主席语录》。通知把继续发扬自力更生、艰苦奋斗、奋发图强、勤俭建国的革命精神，作为学习的主要要求之一。

　　学习毛泽东思想，对于干部树立科学的世界观，提高政治修养，夯实反腐倡廉思想防线，有积极作用。

七

树立先进典型，增强劳动观念

（一）榜样的力量

新中国成立初期，出版发行了大量的宣传革命先烈英雄事迹的回忆录、诗词、小说、电影、戏剧，其目的就是要在全社会尤其是在干部中，形成祖国和党的利益高于一切的价值观，有利于清廉社会风气的形成。

20世纪60年代，在基层党的干部队伍里，涌现出一大批勤政廉政的典型，是毛泽东思想哺育的结果。焦裕禄就是他们中的代表。焦裕禄自1962年冬担任河南省兰考县县委书记，在一年的时间里，他跑遍了全县148个大队中的120个生产队，跋涉5000多里，查清了全县84个风口。他严格要求自己及家属子女，廉洁自律，艰苦朴素，从不搞特殊化，更不以权谋私。他总是从党和国家、人民的利益出发，"心里装着全体党员和人民，唯独没有他自己"。1966年2月7日，《人民日报》发表长篇报道《县委书记的好榜样——焦裕禄》，感动了亿万中国人民。焦裕禄是党政干部勤政廉政的楷模，廉洁政治的典型，学习焦裕禄品质，必然具有廉洁政治的意义。

　　毛泽东说过，榜样的力量是无穷的。经过党中央的号召，全国在20 世纪 60 年代掀起了学习焦裕禄的热潮，把这个学习作为学习毛泽东著作运动的组成部分，当成培养干部廉洁奉公良好品质教育工作的一部分。

　　1966 年 2 月 11 日、12 日，中共中央西南局和西北局、中华全国总工会、中共中央财贸政治部等部门接连发出通知，向中共河南兰考县前县委书记焦裕禄同志学习，将焦裕禄定位为中国共产党的好党员、毛泽东的好学生、县委书记的好榜样，也是全体干部和广大职工学习的好榜样。要求在学习中，以焦裕禄为榜样，对照自己的思想、工作、领导方法和领导作风，找差距，查原因，开展批评与自我批评，实现彻底革命化，并通过学习焦裕禄，创造学习毛泽东思想的浓厚气氛，鼓足群众干劲，把工作做好。

　　在中共财贸政治部的通知中，要求财贸部门的全体职工，特别是各级领导干部，都应当认真学习焦裕禄对革命无限忠诚，为人民鞠躬尽瘁的伟大精神；要学习他不为名，不为利，不怕苦，不怕死，一心为人民，一心为革命的崇高品质；要学习他关心群众疾苦，为人民兴利除害，热爱人民群众的深厚阶级感情；要学习他深入实际，调查研究，艰苦朴素，英勇顽强的工作作风。西南局通知也要求全体党员、干部，特别是县以上领导干部，都要学习焦裕禄的共产党人的彻底革命精神和无产阶级的世界观，不为名，不为利，不怕苦，不怕死，一心为革命，掏尽红心为人民，完全、彻底地为人民服务。

　　山东、山西、辽宁、内蒙古、宁夏、青海、广东的县委领导干部展开热烈地学习焦裕禄的先进事迹和《人民日报》的有关社论，很多人被焦裕禄的革命精神所深深感动，纷纷表示：一定要以焦裕禄为榜样，加速县委领导革命化，做焦裕禄式的干部；一定要像焦裕禄那样，活学活用毛泽东著作，做大量艰苦的工作，扎扎实实地领导人民群众。从焦裕禄身上，许多县委领导干部看清努力方向，勤学毛泽东著作，认真改造思想。有县委书记认识到："焦裕禄同志仅仅在一年多的时间里，带病工作，就做出了这样不平凡的事迹，这是他活学活用毛主席著作的结果。他真正做到了学用一致。在他身上看不到'私'字和

'我'字。和焦裕禄同志相比，我感到惭愧。今后一定向他学习，对毛主席的著作做到活学活用。"有县委领导干部对比焦裕禄检查自己：焦裕禄同志时时刻刻想着贫下中农，始终保持着艰苦朴素的工作作风；我在旧社会虽然是个受苦的人，但进了城以后，渐渐与贫下中农的阶级感情淡薄了。焦裕禄同志心里装着全体人民，唯独没有他自己；而我呢？往往把自己看得比普通的一个贫农下中农"贵重"，很少参加劳动，骑车子遇到顶风就不愿意走。①

20 世纪 60 年代，出现了一个与焦裕禄齐名的英雄战士——雷锋。1963 年，雷锋的名字传遍中国。《中国青年》1964 年 3 月出版学习雷锋专辑，发表了毛泽东、周恩来和董必武等的题词以及诗文②，以《用雷锋的学习态度学习雷锋》为标题发表了社论，还发表了介绍雷锋生平事迹的通讯、近三万字的《雷锋日记摘抄》以及雷锋遗诗等。

雷锋打动中国人的事迹很多，感人至深，艰苦朴素精神十分高尚。雷锋处处注意节约，从不乱花一分钱的事迹留给人们深刻印象。他一双破了的袜子补了一层又一层，实在不能穿了，还舍不得把它扔掉。见到破烂、废品，他就拾起来，放在节约箱里。团中央负责人胡耀邦认为，广泛开展学习雷锋运动具有深远意义，"我们的党十分强调阶级教育，坚决主张用勤俭朴素、艰苦奋斗的革命传统教育后一代。从雷锋同志身上，我们看到了党的这个光荣传统得到了很好的继承和发扬。在我们看来，一切贪污腐化行为，都是对人民的犯罪，都是同革命者称号不相容的。因为我们知道，所有财富都是劳动人民用辛勤劳动所创造的；同时我们也知道，在我们这样一个六亿人口的大国，一分一厘的积累，也将发挥巨大作用"。"资产阶级的品质和风格是一种腐蚀剂，必须加以彻底清除。无产阶级的品德和风格是长期革命斗争中形成的宝贵精神财富，是从事革命事业的强大动力，是取得革命胜利的重要保证。青年团应当帮助青年把这种精神财富继承下来，使青

---

① 石永：《心里要装着全体人民》，《人民日报》1966 年 3 月 20 日。

② 这期《中国青年》还发表了周恩来的题词："雷锋同志是劳动人民的好儿子，毛主席的好战士"，以及董必武、郭沫若、罗瑞卿、谢觉哉等写的诗和文章。

年们以更自觉的战斗姿态，投入党的各项事业中去，坚决为共产主义在中国的胜利奋斗到底，为共产主义在全世界的胜利奋斗到底。"① 在毛泽东号召"向雷锋同志学习"不到一个月的时间，全国范围的学习运动迅速开展。

不但有艰苦朴素的英雄个人，还涌现出艰苦朴素的英雄集体。"南京路上好八连"能够身居上海闹市，一尘不染，顶住了资产阶级的各种"香风"臭气，在资产阶级"糖衣炮弹"面前，不但没有倒下去，而且巩固和扩大了无产阶级思想阵地，保持和发扬了我党我军艰苦奋斗的光荣传统和劳动人民的本色，在南京路上树立了一面光辉的红旗。特别可贵的是，他们不是一时保持了这个传统，而是 14 年如一日，人换了，作风传下来了，传开去了。1963 年 4 月 3 日，中国人民解放军总政治部召开会议，对"南京路上好八连"14 年如一日艰苦作风代代相传进行充分肯定。全军各部队广泛宣扬他们的模范事迹，认真总结和推广他们的经验，把他们的思想和行动作为对部队进行共产主义教育的活教材。剧作者以好八连为背景创作话剧《霓虹灯下的哨兵》，也感动了全国人民。

1960 年 7 月，重新发表了方志敏 1935 年 5 月写的《清贫》，感动了无数干部群众。《清贫》一文对于教育干部保持和发扬无产阶级革命家艰苦朴素的优良作风，起到积极作用。许多干部群众佩服方志敏"一向过着朴素的生活，从没奢侈过。他经手的款项，总在数百万元；但为革命而筹集的金钱，是一点一滴地用之于革命事业"。广大干部群众认识到：艰苦朴素、廉洁奉公是我们无产阶级革命家的本色。少花钱，多办事，大公无私，廉洁奉公，这是我们必须具备的优良品德，同时也是关乎国家的事。

① 胡耀邦：《把青年的无产阶级觉悟提到新的高度——谈广泛开展学习雷锋运动的深远意义》，《人民日报》1963 年 4 月 28 日。

（二）强化干部的劳动观念

新中国的社会主义制度建立后，毛泽东比别人更早地意识到在经济文化落后基础上建立和巩固社会主义，是一项长期的艰苦的历史任务，所以，提出巩固社会主义制度的战略性问题。在20世纪五六十年代，党中央和毛泽东提倡干部发扬艰苦奋斗的优良传统，保持劳动人民本色，一是鼓励干部打掉官气，"下楼出院"，深入基层，接受群众的教育，参加劳动，强化干部劳动观念；二是反对铺张浪费，崇尚勤俭朴素，提倡艰苦朴素，厉行节约。这些做法，对于反对和防止干部腐败，培育廉洁奉公的党风政风，具有特殊功效。

第一，把干部能否劳动和节俭，提升为站在哪个阶级立场上的重大问题。

党和政府形成了这样一种观念，干部坚持劳动才能坚持革命。《人民日报》曾经发表评论认为："干部如果不参加劳动、不热爱劳动，就不可能坚定地站在绝大多数劳动人民一边，就不可能坚决反对不劳而获的剥削行为和思想，就容易受到剥削阶级思想的侵蚀，向资本主义道路'和平演变'。干部只有认真地同劳动人民一起坚持参加劳动，培养和增强对劳动的无限热爱，才可能在贫农下中农的阶级队伍中深深扎根，才能够不怕任何风浪的吹打，永远坚定。出身于劳动人民的干部，只有这样才能够永远保持和不断发扬原有的艰苦朴素、勤劳勇敢的优良品质，处处站稳阶级立场；出身于非劳动人民的干部，只有这样才能在劳动中把自己真正改造成为劳动人民中的一员，真正具有无产阶级的阶级感情。"① 强调干部深入群众，坚持参加劳动，有利于反官僚主义，培养廉洁作风，构筑反腐倡廉的防线。

1964年，有地方报纸的一篇社论指出：是勤俭节约还是铺张浪费，这不仅是一个多花钱少花钱的问题，而且是一个社会风气问题，

---

① 《干部坚持劳动才能坚持革命》，《人民日报》1964年8月28日。

是社会主义新风尚同资本主义、封建主义坏习俗的一场斗争。我国的劳动农民是有着艰苦朴素、勤俭节约的优良传统的，他们非常珍惜用汗水换来的劳动果实，从来舍不得浪费一星半点。摆排场、讲阔气、吃喝玩乐、铺张浪费，是资产阶级和封建地主享乐主义的表现。

第二，党中央和毛泽东要求并鼓励高级干部基层蹲点，参加劳动。

早在 1957 年 4 月 27 日，毛泽东就干部劳动有如下批示："提倡县区乡三级党政主要干部，凡能劳动的，每年抽一部分时间下田参加生产，从事一小部分体力劳动。县以上各级党政军主要干部（不是一般干部），凡能劳动的，也要这样做，每年以一部分时间，分别下田、下工场、下矿山、下工地或者到其他场所和工人农民一道从事可能胜任的一小部分体力劳动（哪怕是很少一点）。"指出这样做的伟大意义："党和群众就打成一片了，主观主义，官僚主义，老爷作风，就可以大为减少，面目一新。"[1] 党中央和毛泽东对干部参加生产劳动给予密切注意，为此作出了多次指示，规定了必要的制度。

1957 年 5 月 10 日，中共中央作出《关于各级领导人员参加体力劳动的指示》，要求各级领导干部参加一部分体力劳动，使脑力劳动和体力劳动逐步结合，是发扬党的干部在国内革命战争和抗日战争时期参加生产劳动的优良传统。还指出：有些同志受旧社会剥削阶级的思想影响，忘记过去的这种优良传统，看不起体力劳动，滋长了一种贪图名利地位的习气，脱离生产以后就不愿意再回到生产中去，这是非常危险的倾向；党必须同这种倾向进行坚决的斗争。还特别指出：是不是参加生产劳动，是在新的历史条件下，共产党员能否为党的总任务而奋斗的一种重大的考验。

1958 年 6 月 13 日，农垦部长王震给毛泽东、党中央的报告说：农垦部三分之二的干部已于 5 月底分赴密山、佳木斯等垦区参加劳

---

① 中共中央文献研究室编：《建国以来毛泽东文稿》第 6 册，中央文献出版社 1992 年版，第 447 页。

动，一律下场四个月，进行现场整风，学习八大二次会议文件和帮助农场工作。王震打算待 17 日处理完下放任务后，也去密山、佳木斯垦区。毛泽东在 6 月 15 日就此批示给当时任中共中央总书记、国务院副总理的邓小平，指示中央各部委干部参加劳动："这好像是一个彻底的办法。请你想一下，并和一些同志谈一下，有些党、政、军部委，或者多数部委，都仿农垦部做法，是否可以呢？三分之二下去，三分之一留家，下去四个月，似乎可以吧？究竟如何？请你酌定。"①

1963 年 5 月 9 日，毛泽东对《浙江省七个关于干部参加劳动的好材料》写了相当长的批语，认为浙江省这七个材料，都是很好的，并建议发到各中央局，各省、地、县、社，给干部们阅读，"可以从中选两三件向识字不多的干部宣读和讲解，以便引起他们的注意，逐步加深广大干部，特别是县、社、大队、生产队四级干部对于参加生产劳动的伟大革命意义的认识，减少许多思想落后的干部的抵抗和阻力"。"希望争取在三年内能使全国全体农村支部书记认真参加生产劳动，而在第一年，能争取有三分之一的支部书记参加劳动，那就是一个大胜利。城市工厂支部书记也应当是生产能手。"② 还明确地指出了干部参加劳动的重大意义："干部和群众一道参加生产劳动和科学试验，使我们的党进一步成为更加光荣、更加伟大、更加正确的党，使我们的干部成为既懂政治、又懂业务、又红又专，不是浮在上面，做官当老爷、脱离群众，而是同群众打成一片、受群众拥护的真正好干部。"③ 坚持干部参加集体生产劳动的制度，教育干部知道自己是普通劳动者，而不是骑在人民头上的老爷。干部通过参加集体生产劳动，同劳动人民保持最广泛的、经常的、密切的联系。这是社会主义制度下一件根本性的大事，它有助于克服官僚主义，防止修正主义和教条主义。

---

① 中共中央文献研究室编：《建国以来毛泽东文稿》第 7 册，中央文献出版社 1992 年版，第 272 页。

② 中共中央文献研究室编：《建国以来毛泽东文稿》第 10 册，中央文献出版社 1992 年版，第 291—293 页。

③ 同上书，第 294 页。

干部通过下基层蹲点，获得一些新的认识。1964 年年末，农业机械部长陈正人关于社教蹲点情况给薄一波信中说的以下一段话："特别值得重视的是：一部分老干部在革命胜利有了政权以后，很容易脱离群众的监督，掌管了一个单位就往往利用自己的当权地位违反党的政策，以至发展到为所欲为。而像我们这些领导人，官僚主义又很严重，对下面这些严重情况又不能及时发现。这就是在夺取了政权之后一个十分严重的危险。过去我们也曾不断检讨领导上的官僚主义，但是，究竟官僚主义有多大的危害，在我，就是从这一次比较认真地开始蹲点才逐渐明白过来的。"毛泽东阅后批注："我也同意这种意见。"① 1964 年 12 月 13 日，毛泽东修改周恩来政府工作报告稿时，要求干部鼓起革命精神，"下楼出院"，深入现场，调查研究，"认识问题，承认自己的错误，从广大群众那里听取意见，然后才有可能同群众一道解决那里的问题，总结那里的经验"。"不这样做，最后总是被群众抛掉的。"②

第三，广大干部深入基层，到生产第一线。

高级干部响应党中央和毛泽东的号召，到基层蹲点，获得以往在机关大院得不到的认识。湖南省委第一书记张平化 1964 年 12 月 6 日给刘少奇写信汇报在湘潭县良湖公社良湖大队蹲点情况，表示这次蹲点比过去的任何一次"蹲点"，对他的教育都要深一些。首先证明了他过去根本不了解基层的情况，这次蹲点才看到了基层情况的严重。就此，毛泽东在 12 月 14 日批示给刘少奇："此信很好，似可印发。"③明显有赞赏之意。

1960 年 9 月，山东省县以上领导机关先后有 8 万多名干部走出办公室，深入生产第一线，其中大多数干部奔赴农业生产第一线。聊城、临沂、菏泽、昌潍等专区、县机关，有 75% 左右的干部下放

---

① 《对陈正人关于社教蹲点情况报告的批语和批注》，中共中央文献研究室：《建国以来毛泽东文稿》第 11 册，中央文献出版社 1992 年版，第 265 页。

② 中共中央文献研究室编：《建国以来毛泽东文稿》第 11 册，中央文献出版社 1996 年版，第 292—273 页。

③ 同上书，第 295 页。

加强生产第一线。莱阳、招远、肥城等许多县、市机关80%的干部已下放到生产队担任领导工作、食堂管理员、饲养员等职务。下放到农村的干部，发扬艰苦朴素和埋头苦干的优良传统，坚持与群众同吃同住同劳动同商量。他们首先到困难较大的穷队、后进队去，艰苦奋斗，带动群众搞好三秋工作。聊城、临沂、昌潍三个专区就有一万四千多名干部到穷队、后进队工作。江西省三万干部先后深入农业生产第一线后，与群众同吃、同住、同劳动、同商量，经过调查研究，认真细致地解决生产中的关键问题，有力地推动了秋田管理工作。①

　　机关干部到生产第一线，帮助基层干部解决生产中的关键问题。1958年有报道说，内蒙古自治区二万四千五百多名蒙古、汉、回、达斡尔等各民族干部，经过将近一年的生产劳动和基层工作锻炼，在思想改造、增加生产斗争知识及改变农村面貌等方面，取得了很大的成绩。他们通过劳动实践及与工人农民同吃、同住、同劳动，不仅学会了一套工农牧业生产技术，初步培养起了劳动人民的思想感情，同时由于他们能够忍苦耐劳，努力开展社会工作，密切联系群众，受到了群众的好评。② 许多长期坐机关的干部，工作地点转换了，虽然体力比过去支付多了，但思想感情和工作作风发生了很大变化。报道还指出：一些出身于剥削阶级家庭及在城市里长大的青年知识分子干部，思想感情发生了变化，实践使他们认识到一粒米、一根柴来之不易，阶级立场得到了很大的锻炼。曾经被人批评为"大少爷""白面书生"等的干部，经过劳动的陶冶，已经开始厌弃资产阶级的生活方式，逐步树立了艰苦朴素的生活作风。山西省三万名干部下放在林区、矿区和农村进行劳动锻炼。与农民同吃、同住、同劳动的过程中，他们的思想面貌发生了深刻的变化。在劳动中，下放干部养成了艰苦朴素的生活作风，破了的袜子不舍得丢，打上补丁再穿；看到脚边的一粒豆也要捡起来才安心。谈

---

　　① 《帮助基层干部解决生产中的关键问题，山东江西大批干部深入生产第一线》，《人民日报》1960年9月18日。

　　② 程理嘉：《知甘苦，懂勤俭；改思想，变感情；转作风，长志气；增知识，强身体，下放锻炼一年，思想丰收无边》《人民日报》1958年12月15日。

的思想感情也有了很大的改变。与农民同吃同住同劳动中，深切体会到群众的疾苦。这样，有利于培养干部廉政意识。

（三）树立艰苦朴素作风

毛泽东一贯反对铺张浪费，提倡艰苦朴素，厉行节约。在社会主义革命和建设时期，毛泽东指出："要提倡勤俭持家，勤俭办社，勤俭建国。"厉行节约、反对浪费，勤俭建国，这是我国的建设方针。同时，毛泽东把艰苦朴素，勤俭节约当作整肃党纪、提高工作效率和转变社会风气的方针。毛泽东认为："在我们的许多工作人员中间，现在滋长着一种不愿意和群众同甘苦，喜欢计较个人名利的危险倾向，这是很不好的。我们在生产节约运动中要求精简机关，下放干部，使相当大的一批干部回到生产中去，就是克服这种危险倾向的一个方法。"① 在毛泽东的号召下，社会崇尚艰苦朴素勤俭建国的风气，干部普遍养成了反对浪费提倡节约的观念。

1956 年 11 月开始，中共成都市委员会曾经深入调查了部分机关，发现有些干部正滋长着追求享受，不愿过艰苦生活，奢侈浪费，劳动纪律松弛等风气。市委决定从 11 月起在全市机关干部中进行一次以艰苦朴素为中心内容的思想教育工作。市委书记处书记向全市科长以上党员干部作了报告，要求树立艰苦朴素作风。市级直属机关和所属各区，从 11 月 23 日起由中共区委委员或各级党组织负责人分别向机关、工厂、企业、学校、医院和手工业生产合作社中的干部、党员作了报告或传达，传达后并结合深入学习中共第八次代表大会文件，组织座谈讨论，展开批评和自我批评。有的机关邀请一些参加过抗日战争的工作人员，讲述党的艰苦朴素的优良传统。②

---

① 《毛泽东文集》第 7 卷，人民出版社 1999 年版，第 240 页。

② 《中共成都市委教育全市干部树立艰苦朴素作风》，《人民日报》1956 年 12 月 12 日。

　　与中共成都市委员会一样，吉林省人民委员会也决定对干部开展艰苦奋斗的教育，他们在 1956 年 12 月 20 日下午举行第九次行政会议，决定在省直属机关采取十项措施①，厉行节约，全面树立艰苦朴素的优良作风。到会的厅、局长都赞成这十项节约措施，并表示一定要带头发扬艰苦朴素的优良传统。省直属机关就是否存在铺张浪费、脱离群众的现象进行了检查。②

　　几乎在同时，中共贵州省委机关也拟订了增产节约措施，广泛地在机关工作人员中进行增产节约的宣传教育，继续发扬艰苦朴素作风和与群众共甘苦的优良传统，制定了一些切实可行的措施，比如对市场上一时供应紧张的商品，工作人员应先让群众购买。余钱要多储蓄，以支持国家工业建设；严格按照规定标准，统一调配房屋；把各部、委现有工作人员数紧缩到 1956 年度的编制数以内，然后再作进一步的整编；合理使用汽车，克服浪费；节约用电，宿舍灯泡一律规定换上十五支光的，并要按时熄灯。

　　军队系统也开展了发扬艰苦奋斗的优良传统教育，1961 年 8 月 1日，《解放军报》发表社论认为军队必须长期贯彻执行勤俭建国、勤俭建军的方针。发扬艰苦奋斗，大兴勤俭之风，是我军思想建设上一

————————————

　　①　这十项措施是：一、紧缩行政开支。二、取消厅、局长上下班专用小汽车的规定。今后厅、局长上下班可以在固定时间和地点，乘坐大汽车，车费由自己交付。参加统一性的集会，也不坐小汽车。三、减少勤杂人员。厅、局长以上干部宿舍的公务员，全部取消。要在省直属机关现有勤杂人员中减少三十七名。四、节省用房。在现有办公室中腾出 10% 左右的房屋，让给缺房的单位；在厅、局长及其家属的宿舍中腾出 20% 左右的宿舍，解决干部住宿的困难。五、减少公文。六、减少不必要的电报。七、少用电话，尤其要严格控制使用长途电话。八、减少会议。坚决不开不必要的或者可开可不开的会议，坚决反对无准备的会议。不论召开什么专业会议，除特殊情况外，不许举行会餐和晚会，不准滥发纪念品和奖品。九、减少刊物。没有必要的或者可出可不出的刊物，一律停刊。十、精简机构，减少层次。各厅、局已设处的，不得设科；已设科的，不得设处。采取这十项措施以后，可以节省今年预算开支六十五万元。

　　②　《吉林省人民委员会采取十项措施，全面厉行节约》，《人民日报》1956 年 12月 23 日。

项长期的任务。要使全体干部战士了解：克勤克俭，艰苦朴素，是无产阶级的好品德，好作风。在我军的现代化建设上，一定要厉行节约，反对浪费，可用可不用的经费坚决不用。在部队的战斗训练中间，要特别注意培养吃苦耐劳的习惯和顽强不屈的战斗精神，善于在各种困难条件下战胜敌人。

1964 年 9 月，江苏省作物可望全面丰收。省委机关报《新华日报》在 16 日发表《越是丰收越要勤俭》社论认为：要在丰收后对干部群众进行教育，防止铺张浪费。一定要对干部群众加强革命前途教育，加强爱国主义和国际主义教育，充分发动群众，批判和防止大吃大喝、大手大脚、铺张浪费的坏现象，坚持贯彻艰苦奋斗、勤俭建国、自力更生、奋发图强的方针。① 该社论号召人们对反动阶级旧思想进行长期不懈的斗争，彻底铲除坏习俗，完全代之以社会主义的新风尚。

经过艰苦奋斗的教育，广大干部保持了艰苦朴素的革命传统。山东省革命老根据地平邑县的大多数干部保持着艰苦朴素、处处节约和埋头苦干的优良传统和作风，深受群众的爱戴和赞扬。据 1962 年《人民日报》的报道，这个县从中共县委、县人民委员会到县的各直属部门，长期保持着艰苦朴素的作风。他们不讲究排场，整个县级机关没有一张沙发，县委机关里只有四张写字台，其他办公桌多是十年前的。② 县级机关和各公社的这种优良作风，也影响了各生产大队和生产队。全县共有 1035 个生产大队，4248 个生产队，只有个别的大队

---

① 《新华日报》社论：《越是丰收越要勤俭》，《新华日报》1964 年 9 月 16 日。

② 根据《人民日报》1962 年 6 月 20 日的报道：山东省革命老根据地平邑县县属单位处处精打细算，因陋就简。新建的县拖拉机站，除了因工作需要买了两辆自行车以外，其他用具都是由别的机关调剂或借用的。县直属机关十多年来很少建筑宿舍，多数干部今天还住在刚解放时住的房子里，有些部门的宿舍，还一直是租用居民多余的旧房。全县的十五个公社，只有两个公社盖了几间办公室，其他十三个公社始终没有盖过房屋。有的干部曾三番五次提出要买一辆小汽车，供接送客人之用。县委在扩大会议上讨论了这个问题，认为如单纯从需要上讲，买辆小汽车自然很方便，可是当前国家财政还很困难，买了汽车就得增加司机、盖汽车房、买汽油，增加一系列的开支，还不如将这些钱用到生产方面去。这样，几次讨论都把这个提议否决了。

盖过几间办公室，少数生产队在场边上盖了几间存放打场用具和防雨用具用的场院屋。许多生产队没有固定的办公室，不少公社和大队在召开生产大队、生产队干部会议时，还和过去游击战争时期那样，在山沟里的大树下开会，人们坐在石头上，将本子放在膝盖上做记录。

20世纪五六十年代的各级干部，除了以身作则，积极参加劳动，用自己的模范行动来影响别人以外，还经常向社员进行勤俭新中国成立、勤俭办社、勤俭持家的教育，并且对干部本人和广大群众发生了深刻的影响。有人说："过去有些干部职位高了，长期脱离群众，动不动就摆官架子，好训人。现在不同了，干部自觉地同群众一块操课，一块生活。干部的思想作风转变了，群众就感到干部可亲，干部说话也爱听了。"① 广大党员和人民的良好精神风貌，让邓小平念念不忘。1989年9月4日，邓小平说："50年代，广大党员和人民讲理想，讲纪律，讲为人民服务，爱党，爱国家，爱社会主义，这样的社会风气和道德面貌不是很好吗？三年困难时期，党和人民不是团结奋斗，渡过了难关吗？多好的老百姓啊！我们要恢复和发扬这个传统。"② 无疑，强化干部的劳动观念，崇尚勤俭朴素，对于培养广大党员和人民良好精神风貌，对于反腐倡廉工作，直接发生了积极作用。

---

① 《红旗》杂志记者：《三结合的毛泽东思想学习班好得很》，《人民日报》1967年11月24日。

② 《邓小平文选》第3卷，人民出版社1993年版，第318页。

八

舆论监督，接受群众来信来访

在新中国成立初期的反腐败斗争中，人民群众积极监督党和政府的工作，对我们当前的反腐败舆论引导和舆论监督有很强的借鉴意义。

（一）舆论引导与监督

"三反"运动经历了一个发动、高潮、结束的过程，与此相适应，舆论引导和舆论监督大致也经历了同样的历史过程。

第一，发动阶段：大造声势。

1950年入城不久毛泽东、党中央发动了整风运动。为了配合整风运动，《人民日报》发表了一系列社论，其中提到了在党内存在的一些相当恶劣的现象。

1950年9月14日，发表社论《坚决反对命令主义》指出："老党员、老干部中有的不免骄傲居功，看不起群众，助长了命令主义的错误倾向；新党员、新干部中有的受了国民党作风的影响，也有的不懂得怎样走群众路线，他们都很容易采取命令主义的恶劣作风来对待群众，把许多正确的政策和代表群众利益的好事办坏了。"①

1950年10月10日，发表了题为《克服以功臣自居的骄傲自满情绪》的社论，其中说："我们党的某些党员干部，在我国人民大革命取得基本胜利之后，或多或少地滋长着一种以功臣自居的骄傲自满情绪。他们在工作中计较个人地位和待遇，摆老资格，看不起新党员和新干部，看不起党外人士，也看不起人民群众。他们不虚心学习，不求进步，甚至于贪图个人享乐，走向腐化堕落的道路；有的更发展到违犯党的纪律和人民政府法令的严重地步，完全失去他原有的革命性。这种现象在我们共产党员干部中，虽然是个别的，但仍然是危险的现象，如果任其发展下去，会使人民的事业受到不应有的严重损害。"②

1950年10月14日，又发表了题为《坚决肃清恶霸作风》的社论，指出：我们党内还有一小部分党员、干部，他们受了地主阶级和国民党军阀官僚统治的影响，认为自己是"官"，是群众的"上司"；群众则是"无知无识的人"，对自己应该百依百顺。他们只许自己横行，不许群众讲理。群众稍有"触犯"，立刻拿出奴隶主对待奴隶的态度，打骂扣押，无所不为。还有极少数党员、干部，他们为了个人卑污的目的，做了种种欺压群众、剥削群众的坏事。他们在土地改革中侵吞、多占群众的斗争果实；他们利用自己的地位，敲诈、掠夺群众的财物；他们包办婚姻，干涉群众的自由，甚至强奸妇女，霸占人妻。当然，在人民政府中这种人的数量究竟不多，但在某些乡村中，在人民没有撤换和处罚他们以前，他们却是称王称霸，横行一时，以至这些地方的群众说："人民的大天虽没有变，我们这里的小天却已经变了。"他们目无法纪，把自己看成一种特殊人物。正像斯大林同志所说："那些从前有过某种功劳，而现在俨然以显贵自居的人，他们竟以为党法律和苏维埃法律完全与他们无关，而是专为蠢汉制定的。这些人并不认为自己应该执行党的决议和政府决议，因而破坏了党的

---

① 《坚决反对命令主义》，《人民日报》1950年9月14日。

② 《克服以功臣自居的骄傲自满情绪》，《人民日报》1950年10月10日。

纪律和国家纪律底基础。"①

　　1951 年 10 月，《人民日报》为了动员群众积极参与到增产节约运动中来，报道了大量东北开展增产节约运动的情况，还报道了"三反"运动开展前后的情况。10 月 9 日，《人民日报》刊登了《中共中央东北局关于加强增产节约运动领导的通报》。12 月 6 日，《人民日报》刊登文章，报道了东北贸易部工作人员责任心显著加强，深入展开反对贪污蜕化和官僚主义运动，普遍树立了爱护国家财产的观念，节约风气已渐形成。接下来的一段时间，也相继报道了各地运动的动员情况。

　　在"三反"运动中，在中央的领导和督促下，中央和军委各部门、中央人民政府各党组、各中央局、分局、各省市区党委纷纷举行声势浩大的"三反"运动动员大会。从 1951 年 10 月 26 日到 1952 年 2 月 2 日结束，以《人民日报》为代表的中央和地方各级党报党刊集中力量，大篇幅地报道"三反"运动进行情况，为"三反"运动营造舆论声势。1951 年 12 月 10 日，《人民日报》登载了西北局、东北局以及北京市宣传群众反贪污、反浪费、反官僚主义的报道，高院院长沈钧儒提出"三反"运动中自动坦白可以从宽，被检举揭发就要严加惩办。12 月 16 日，北京市机关举行"三反"运动大会；17 日，天津举行动员大会；18 日，中央贸易部举行运动动员大会。一直到年底，《人民日报》拿出大量的篇幅报道"三反"动员大会的情况，有力的政治动员推动了运动的开展。这些有分量的报道展现了党和政府反对贪污、浪费和官僚主义的决心，具有强烈的导向性，产生了巨大的影响，极大地推动了运动在全国的开展，使运动有领导、有组织、有步骤地进行。

　　第二，高潮阶段：引向深入。

　　"三反"运动在较短的时间就进入了高潮阶段。各单位批评、纠正右倾思想，整顿队伍，展开紧张激烈的"打虎"斗争。党中央和毛泽东一直对运动高度关注，及时了解各地各部门运动进展情况，并且

---

　　① 《坚决肃清恶霸作风》，《人民日报》1950 年 10 月 14 日。

严加督促。《人民日报》的"群众来信"栏目刊登了各地就"三反"运动的建议，检举、揭发坏人坏事。

《人民日报》刊登的高级干部带头检讨的报道，对整个运动的发生产生了重大的影响，使得整个运动能够在全国轰轰烈烈展开。1952年1月8日，《人民日报》登载了《在反贪污反浪费反官僚主义动员大会上中央司法部史良部长作自我检讨》的文章；1952年1月11日登载了《滕代远部长亲自带头检讨消除群众顾虑，铁道部反贪污浪费运动迅速展开》的文章；2月22日登载了《北京市组织二百多个"市长代表工作组"深入群众宣传反贪污运动政策接受检举》等。1951年12月15日毛泽东还专门要求武汉市委市政府负责同志就压制民主打击群众批评行为向人民代表会议作检讨，并公开发表。不久《人民日报》发表了他们的自我批评。

《人民日报》的这些报道是整个运动的风向标，指引着运动的方向，并对运动中的过激行为实行调控，使整个运动在基本适度的范围内向纵深发展，收到了良好的效果。

第三，结束阶段：总结纠偏。

运动中也出现了经济消退、耽误生产的问题，更为严重的是出现了"逼供信"和人身伤害的问题等一些预料之外的事情。中共中央和毛泽东及时从舆论上进行引导，进行了纠正。

1952年3月2日，《人民日报》发表社论《在反贪污、反浪费、反官僚主义斗争中经济部门应该加强业务工作》，号召经济部门"以更大的决心和更高的信心，立即加强和改进各部门的业务工作，争取反贪污、反浪费、反官僚主义斗争的彻底胜利，争取今年超额完成增产节约计划，争取全国经济更大的繁荣和发展"①。这标志着党中央对"三反"运动的态度有所转变。与此同时，新闻媒体有关"三反""五反"运动的报道有所减少，更多地要求开展运动的同时要注意生产。

随着"五反"运动的结束，"三反"运动也在1952年5月进入法

---

① 《在反贪污、反浪费、反官僚主义斗争中经济部门应该加强业务工作》，《人民日报》1952年3月2日第1版。

庭审判、追赃定案的阶段，中央要求各地必须采取实事求是的态度。毛泽东在《中央转发重工业部关于三反追赃定案经验报告的批示》中指示：“现在‘三反’运动进至法庭审判、追赃定案阶段，必须认真负责，实事求是，不怕麻烦，坚持到底，是者定之，错者改之，应降者降之，应升者升之，嫌疑难定者暂不处理，总之，必须做到如实地解决问题。”① 毛泽东要求对此进行传达，明确指出此文件可以在党刊上公开发表。

在运动的结束阶段，舆论仍然扮演着重要的角色，也取得了一定的成绩。但也应该清醒地认识到，当代利用舆论反腐对舆论的利用应该在一个适当的范围，利用舆论反腐败必须进行有力的引导，否则会出现一定程度的混乱，也就违背了舆论反腐的初衷。

（二）发挥舆论监督的作用

在新中国成立初期的反腐败运动中，在我们党的领导下，《人民日报》为代表的新闻媒体，以无产阶级的舆论观为指导，高度重视舆论宣传，充分发挥舆论引导和舆论监督的作用，有效地配合了反腐败斗争的进行。

在“三反”运动中，舆论之所以能收到良好的斗争效果，得益于运动中对舆论功能发挥作用的诸要素的相互适用，整体配合。从主体上考察，以全心全意为人民服务为宗旨的中国共产党人不可能允许腐败在党内存在，当新中国成立初期腐败现象在社会蔓延滋长开来时，中共高举反腐大旗，顺应民意，态度坚决地向腐败开战。同时，在党的领导下通过引导舆论，充分发挥报纸和新闻媒体批评和监督的功能，充分发动群众，让民众充分行使舆论监督的权利，鼓励群众批评和揭露党政机关工作人员当中存在的贪污、浪费和腐败现象，在全社会开

---

① 中共中央文献研究室编：《建国以来毛泽东文稿》第 3 册，中央文献出版社 1989 年版，第 445 页。

展一场轰轰烈烈的反腐运动。当家做主的广大民众以极大的热情投入到运动中去，使得腐败成为众矢之的，腐败分子在民众张结起的天罗地网中无处藏身。从舆论强度而言，我党对开展"三反"运动立场坚定、态度鲜明，高度重视通过舆论发动群众，所以无论是反腐舆论的强度还是其持续性，都是前所未有的，在这样强大的舆论攻势面前，所有的腐败行为必将暴露无遗，腐败分子因面临强大的舆论压力不得不主动交代问题。更应该看到的是，从舆论的外部环境考察，当时的运动展开并不是只有舆论的单兵突进，而是注意各种力量的相互配合，形成良好的互动，从而推动运动深入开展。由此看来，舆论反腐败功能的充分发挥，必须让舆论的诸要素形成全力，密切配合，这是充分发挥舆论功能的前提和基础。

有了党的坚强领导，党的喉舌加强了舆论监督力度。《人民日报》开辟"读者来信专页"，发表人民来信，公开点名批评许多地方存在的问题。据统计，1950 年 4 月共收到读者来信 1674 件，较 3 月增加一倍，而 5 月，则增加到 2487 件。那时的许多报纸如《长江日报》《云南日报》《河北日报》《大众日报》等改变了副刊的编辑方针，辟专栏或整个副刊改为《读者来信》，专门刊登批评建议、群众呼声、被批评者检讨等。1950 年 5 月 26 日《河北日报》在头条位置报道了"米巨臣事件"①，并发表社论，使这一事件得到妥善处理。同时，该报还刊登对这一事件中负有主要责任的中共安新县委宣传部长和七区区长的处分决定。②

人民群众行动起来，利用舆论实施强有力的监督。1952 年 1 月，即处决刘青山、张子善一个多月之前，人民群众对河北省委、省政府领导的官僚主义作风表示不满，投书《人民日报》，质问："刘、张小

---

① 米巨臣是河北安新县七区梁庄人，1949 年被划为富农。1950 年 1 月，当地干部违反土改法令，强行抽走米的部分财产并扣押米 5 天。米不服，不断上告，但有关部门相互推诿。《人民日报》《河北日报》等新闻媒体的介入，为米巨臣案件得到妥善处理创造了条件。

② 参见郭贵儒等《试论 50 年代我国的舆论监督及其历史作用》，《中共党史研究》2000 年第 4 期。

集团进行贪污行贿已有一年之久，而天津地委同志和李克才等亦不断有过检举、报告"，"河北省委为什么长期没有发现这件事情？""像他们这样大规模地贪污、盗窃国家财物，在天津专区闹得风声很大，为什么河北省政府竟长期没有发觉？"人民的来信是有效的，党的纪律是不含糊的。河北省委副书记马国瑞、省人民政府主席杨秀峰分别在1月5日和1月8日的《人民日报》上作了《刘青山、张子善巨大贪污案给予我们的教训》《沉重的责任，惨痛的教训》进行检讨。《人民日报》加了编者按：对于中共天津地委刘青山、张子善的大贪污案，中共河北省委领导工作中存在的官僚主义错误，应负相当责任。刘、张小集团进行贪污行贿已达一年之久，而天津地方同志如李克才等亦有不断检举、报告，但终未引起省委注意，省委在这里是犯了错误的，省委对于这一错误的检讨是很有必要的。这个检讨本应由省委书记林铁来做，因林铁患病休养，故由副书记马国瑞代做。1月15日《人民日报》发表河北省委书记的妻子弓彤轩的检讨《检讨我接受刘青山、张子善礼物的错误》。因检讨不彻底，干部群众不满意。中共保定市委办公室的李春、谷雨投书《人民日报》要求《弓彤轩重新作检讨》。1952年2月6日，《人民日报》刊发了这篇文章，加了编者按，要求弓彤轩应该迅速认真地坦白和批评自己的一切错误。

除了河北省委的检讨外，其他省委也在报纸上公开作检讨。1952年4月号的《新华月报》刊载江西省政府主席邵式平、副主席范式人和方志纯的《关于官僚主义的检讨》，说："我们看了《人民日报》2月1日所载《江西省人民政府某些领导人员官僚主义作风十分严重》一文后，立即召集了省人民检察署、省人民监察委员会、省财政经济委员会和民政厅、人事厅等有关单位的负责人，在中共江西省委的领导下，几次研究了《人民日报》的这一批评。大家以严肃沉重的心情和态度进行了自我检讨，一致认为《人民日报》对我们过去所犯的重大错误和缺点的批评是正确的，我们诚恳接受。"①

舆论监督要想有效反腐败，起码要满足两个条件，一是人民群众

---

① 《关于官僚主义的检讨》，《新华月报》1952年4月号，第60页。

能够出于对党和政府的信任与帮助，敢于揭露、检举党和政府机关的官僚主义或违法腐败行为。这一条件在新中国成立初期得到满足。中国共产党一直以立党为公、执政为民的形象赢得了人民群众的衷心拥护和信任。广大人民群众不会怀疑党的事业的正义性。另一个是党能够真诚地、认真地对待人民群众的监督。像新中国成立初期的省委书记、省政府主席、国务院的部长这样的高级干部，一旦有违法违纪和腐败行为，能够毫不含糊地在报纸上公开作检讨。坦诚接受群众的监督，体现了党的批评与自我批评的优良传统。正因为如此，形成了党和政府与人民群众的良性结合。党既不会因为人民群众揭发党内的不良现象而打击群众，或将真诚的意见置之不理；群众也不用担心党对自己的不信任。那时，领导干部作检讨是十分正常的事情，不论是领导还是群众，并不会因为报纸上出现了领导的批评与自我批评而引起惊奇。

舆论监督，人民监督，是中国共产党20世纪五六十年代反腐败的利器，屡试不爽。在1953年1月5日中共中央发出"新三反"的《指示》，要求在报纸上揭露官僚主义、违法乱纪、命令主义。很快，党的机关报作出反应。19日，《人民日报》头版发表了《认真处理人民来信，大胆揭发官僚主义罪恶》的社论，要求各地重视人民来信，抓紧处理人民来信，并形成制度。《人民日报》刊登了大量人民来信，公开批评官僚主义、命令主义、违法乱纪现象，2月6日批评原辽宁省安东县领导干部严重的官僚主义作风；3月15日刊登批评陕西渭南专署专员张俊贤等压制批评、陷害干部；3月17日的《人民日报》报道了强迫命令引起的严重后果。因1952年秋季征粮中强行征粮，苏北地区就有19人自杀，68人自杀遇救。5月10日批评江苏南通人民政府对人民来信的不负责任；6月2日批评山东烟台市市委、法院、公安局对人民来信的互相推诿。这一时期，在报纸上公开的影响较大的官僚主义、命令主义及违法乱纪的典型事件。《人民日报》分别在1953年1月18日、3月1日、2月10日、1月23日、3月25日报道了"曹春生事件""王书坤事件""苍山拔棉事件""黄逸峰事件"

"王振海事件"，大胆给予揭露。①

非常可贵的是，《人民日报》起到督促、指导全国党报的宣传工作的作用。1952 年《人民日报》开辟"报纸工作述评"专栏，对全国各地主要报纸的批评活动进行督导，对做得好的给以表扬，对做的差的给以批评。督促地方报纸开展批评和自我批评工作，对地方报纸在舆论监督方面的不足，缩手缩脚现象进行了批评。

《人民日报》是中共中央的机关报，同时还担负起指导各级党报开展批评的责任。这种体制加强了中央对新闻宣传的领导，一定程度上防止了地方保护主义。1953 年 2 月 1 日，《人民日报》发表《各地报纸展开反对官僚主义的斗争》一文，文中对各地报纸在向漠视人民意见的官僚主义作风和损害人民利益的违法乱纪现象展开批评和斗争的情况进行了评述。文中指出：在开展批评的斗争中，有的报纸开展得好，有的较好，有的不好或不很好。开展得好的有《解放日报》（上海）、《东北日报》《新海南报》《浙江日报》等报；

----

① 当时，影响较大的官僚主义、命令主义及违法乱纪的典型事件主要有：

"曹春生事件"，湖南安化县五区年仅 22 岁的村干部曹春生强迫群众捕蝗因个别群众有意见，曹即于 1952 年 7 月召开群众大会，命人将提意见的村民王宏开、王振家当场活活打死，并宣布死者家属为反革命分子，实行管制。

"王书坤事件"，山东济宁县赵五堂乡副乡长兼村农委会主任王书坤为非作歹，鱼肉乡里，自 1950 年 10 月至 1951 年 7 月曾先后八次强奸轮奸妇女。山东省滕县地委在处理这一事件上存在严重官僚主义，节外生枝，错捕他人。使这个本来十分简单的案件长期得不到解决。

"苍山拔棉事件"，山东苍山县为了完成省农林厅对棉田"去伪去杂"的指示任务。在 1952 年棉花丰收之际。强迫农民拔棉 490 亩，造成巨大损失。

"黄逸峰事件"，华东行政委员会交通部长兼党委书记、华东交通专科学校校长黄逸峰因该校学生向《人民日报》写信如实反映学校的混乱情况，即召开大会斗争该学生，后又逼其退学，并追查批斗其他教职工。

"王振海事件"，中共河北定县地委书记王振海几次阴谋陷害无极县东牛村共产党员李小六，原因是李小六在领导本村的土改工作时，曾触及住在该村的王振海爱人的地主家庭利益。在王振海的指使下，李小六被开除党籍，两次被捕，最后竟被判处死缓。河北省委、定县地委对王振海的违法行为不认真调查，纵容、姑息行为等等。

在报纸上的批评开展得较好的，有《群众日报》（西安）、《黑龙江日报》《辽西日报》等。这些报纸都分别揭露了一些典型的官僚主义和违法乱纪的事件，并结合这些典型事例，初步发动群众在报纸上展开了讨论。

得到表扬的上海《解放日报》，在 1951 年 12 月 15 日报道了上海公共交通公司站务员梅芳庭，因在报上进行批评，遭受该公司和前新市区人民政府报复，被无理解雇和非法扣押 104 天的事件后，又连续揭发了中国煤业建筑器材公司无锡市公司副经理景某等压制批评的事件、中国土产公司华东区公司等单位的领导干部严重的官僚主义造成国家人民财产损失的事件。1 月 19 日又揭发了一位干部压制批评的事件，还配发了社论。紧接着，该报为动员广大群众在报纸上大力展开批评，又发表了该报所召开的通讯员大会的消息，以及中共中央华东局组织部副部长胡立教在大会上的讲话。在这一期间，该报还发表了很多读者来信来稿，对压制批评的思想行为，进行了系统的批判。这些来信来稿进一步揭发了机关中的官僚主义。

《人民日报》对《河北日报》编辑部在王振海案件上的暧昧态度，给以严肃批评：《人民日报》对王振海案件已揭露 10 日有余，"但《河北日报》对当地所发生的如此严重事件，至今不敢转载，也不表示任何态度"。这"虽然和当地党委支持报纸批评的程度有关，但编辑部显然有着严重的软弱病，因而放弃了或放松了在报纸上展开批评这一有力的武器。这种对党、对国家不负责任的自由主义态度，已大大影响到我们报纸的战斗力，并使报纸日益脱离群众、脱离实际"①。被点名批评的还有《南方日报》《安徽日报》等地方报纸的编辑部。《河北日报》和《安徽日报》迅速作出反应，很快在《人民日报》上承认错误，决心整改。

1953 年 2 月 12 日《人民日报》点名批评了《北京日报》《天津日报》《山西日报》等 21 家地方报纸，指责它们"缺乏政治胆量"。4 月 12 日，《人民日报》发表的"报纸工作述评"，表扬《河北日报》

---

① 《人民日报》1952 年 2 月 1 日。

《大众日报》《解放日报》等"揭发了一些典型事件"，"初步发动群众开展了自上而下的批评"，但"还有部分报纸宣传的目标不够明确"。《海南日报》"毫无边际地摆出了许多老账和琐事"，《江西日报》"不敢正面批评"，《青岛日报》发表的稿件，"基本内容上就不符事实"①。这些做法对地方报纸的批评活动起到了推动作用，从而，加强了舆论监督的力度。

（三）党真诚地接受监督，接受人民来信来访

尽管 20 世纪五六十年代的新中国舆论监督处于初创阶段，但党领导下的强有力的舆论监督，对于腐败的控制是成功有效的。

党中央首先发出了加强舆论监督号召。1950 年 4 月 19 日，中共中央发出了《关于在报纸上展开批评和自我批评的决定》，号召全党和广大人民群众在报纸和刊物上公开地全面地揭露党内存在的官僚主义、命令主义和各种消极腐败现象。毛泽东非常重视人民来信，1951 年 5 月 16 日，向县级以上的人民政府和党委、党组作出批示："必须重视人民的通信，要给人民来信以恰当的处理，满足群众的正当要求，要把这件事看成是共产党和人民政府加强和人民联系的一种方法，不要采取掉以轻心置之不理的官僚主义的态度。"如果来信很多，"应设立适当人数的专门机关或专门的人，处理这些信件。如果来信不多，本人或秘书能够处理，则不要另设专人"。② 1951 年 6 月 7 日政务院公布的《关于处理人民来信和接见人民工作的决定》提出，"对报纸刊物所载的人民群众的批评或意见，各有关机关或工作人员须认真研究处

---

① 《正确进行反官僚主义斗争的宣传》，《新华月报》1953 年第 5 号，第 199—200 页。

② 《毛泽东关于必须重视人民来信的批语》1951 年 5 月 16 日，中共中央文献研究室编：《建国以来重要文献选编》第 2 册，中央文献出版社 1992 年版，第 265 页。

理，并应该在报刊上作公开的答复或检讨"①。不仅党和政府相当重视人民的来信和来访，新闻媒体还充分利用自身优势，配合人民来信的处理。《人民日报》在响应毛泽东的号召，领导全国党报开展人民监督和群众监督方面，功不可没。

在党的号召下，领导干部在新闻媒体上公开作检讨，接受群众和舆论的监督比较普遍。干部检讨可分为几种情况：

第一种情况是党的高级干部自觉地真诚地检讨，以消除群众顾虑。1951 年，全国总工会副主席刘宁一深刻反思工作中的官僚主义作风。继刘宁一之后，全国总工会秘书长许之帧检讨进城后自己受资产阶级思想的侵蚀，争房子、争汽车的行为，并揭发工会总机关"小公套大公"的舞弊行为。②领导干部在报纸上公开检讨，是一种批评与自我批评的普遍现象。司法部长史良、铁道部长滕代远等都作出了表率。

第二种情况是本单位出现了腐败违法行为，部门领导负领导责任，必须作检讨。武汉市人民政府原副市长兼秘书长易吉光，敌我不分滥用职权，挥霍公款，反对批评，被开除党籍后，毛泽东专门于 1951 年 12 月 25 日发出电报，指出：武汉市委书记"张平化同志代表市委作自我批评"，是"完全必要的"；"市长吴德峰同志既然有压制民主打击群众批评的行为和支持这种行为，对群众影响极坏，当然应向人民代表会议作自我批评，并公开发表"③。吴德峰被免除市长职务而没有申辩，沉痛地说："我受党的教育多年，犯了官僚主义错误，接受组

①　中共中央文献研究室编：《建国以来重要文献选编》第 2 册，中央文献出版社 1992 年版，第 323 页。

②　《人民日报》1952 年 1 月 8 日。

③　《中央关于处理武汉市府领导人压制民主、打击群众批评的错误的电报》1951 年 12 月 25 日，中共中央文献研究室编：《建国以来毛泽东文稿》第 2 册，中央文献出版社 1988 年第 1 版，第 633 页。值得说明的是，武汉市委领导同志顾全大局，诚心检讨了自己的失误。1954 年 4 月，中共中央批示：同意撤销吴德峰同志因"纪凯夫事件"所受的处分。以后，吴德峰同志长期兢兢业业在国务院、政法系统工作。

织对我的处分。"① 还说共产党无论任何时候都要坚持党性，一切服从党，无条件服从党，服从党的利益。不久，《人民日报》发表了武汉市委书记张平化、市长吴德峰的公开自我批评。在以后的岁月里，张平化、吴德峰在各自的岗位上兢兢业业、任劳任怨为人民工作。

第三种情况是本人犯了错误必须作检讨。1952 年 1 月 29 日就纺织部所属的新建经纬纺织机器制造厂发生的基建责任事故，纺织工业部副部长钱之光等 3 人联名在《人民日报》上检讨：经纬纺织机器制造厂事故的发生，"是由于我们对人民事业的责任心不强，政治上麻木不仁以及工作有严重官僚主义作风。这是我们在基本建设方面的一个沉痛的教训"。他们主动请求党中央"给以应有的处分"②。

人民来信来访，是党和政府与人民群众沟通渠道，是人民群众实行监督的一个重要组成部分。党和人民政府十分重视人民来信来访。1951 年 6 月 7 日，政务院总理周恩来命令公布了《政务院关于处理人民来信和接见人民工作的决定》，要求各级人民政府应"鼓励人民群众监督自己的政府和工作人员"。"县（市）以上各级人民政府，均责成一定部门，在原编制内指定专人，负责处理人民群众来信，并设立问事处或接待室，接见人民群众；领导人并应经常地进行检查和指导。""凡控告机关或工作人员的事件，应交人民监察机关处理。"③ 这个规定引起了各地各级政府机关的高度重视，尤其在华北、中南各地，抓住了张顺有、纪凯夫等典型事件④，大张旗鼓地进行处理，严重打

---

① 中共湖北省委党史研究室编：《吴德峰传》，中共党史出版社 2007 年版，第 137 页。

② 《人民日报》1952 年 1 月 29 日。

③ 中共中央文献研究室编：《建国以来重要文献选编》第 2 册，中央文献出版社 1992 年版，第 322—323 页。

④ 纪凯夫是武汉市第二医院青年团员、文书，揭发本院监委、党支部书记王清有盗窃重大嫌疑，市卫生局副局长宋瑛支持王清，报告副市长将纪凯夫逮捕、关押，刑讯逼供，追究纪凯夫有"政治问题"。武汉市委、市政府偏袒王清。中南局、中南行政委员会等有关单位联合调查。查清此案，王清、宋瑛及市委某些领导受到法律或党纪政纪处分。处理此事，受到毛泽东和党中央的直接指示，震动全国。

击了部分机关和人员的官僚主义作风。全国改进与加强人民来信来访工作，成绩较大。新中国成立初期，各地报纸刊登了大量人民来信，人民来访，在反腐败方面起到十分重要的作用。据中央人民监察委员会办公厅在1953年9月3日《人民日报》上的介绍，辽东省海龙县原来由县人民政府监察委员会转交一些单位处理的78起案件，在过去的五个月中，处理的不足20件，经过重点检查后，不到一个月，便处理了41件，并且都处理得很好，群众非常满意。辽西省锦县人民监察委员会在1952年春季由于得到了劳动机关的重视和支持，曾联合有关部门，结合中心工作，检查处理了9件情节比较严重的重大事件，为全县树立了榜样，因而推动了全区对人民来信来访改造的开展。该县人民监察委员会半年来受理人民来信、人民来访案件156件，已有2/3以上得到及时解决。河北昌黎县也发生了类似辽东省海龙县的变化。①

之所以有这样的成绩，与党的坚强领导是分不开的。1963年9月20日，中共中央、国务院发出《关于加强人民来信来访工作的通知》，规定："对于归自己处理的问题，负责进行处理，不得推诿。"省、地级机关"对于人民来信来访中提出的问题，应当力求多办，少往下转"，县级机关"一般应当做到只办不转"②。这与1951年中共中央、国务院《关于处理人民来信和接见人民工作决定》的基本精神一致。

在新中国成立初期的反腐败运动中，新闻舆论监督和公众舆论监督发挥着非常重要的作用。以《人民日报》为代表的新闻媒体充分行使舆论监督的权利，配合运动的进行，刊登一系列有影响力的社论，开办"群众来信""读者来信"专栏，对运动不积极的地方政府和新闻媒体进行批评揭露，积极倡导廉洁的社会价值观；增强群众反腐败的信心；调动群众参与反腐败的积极性，有力地促进了反腐败斗争的开展。

值得注意的是，新中国成立初期的大规模舆论监督，具有一定的

---

① 中央人民监察委员会办公厅：《关于县区人民政府在处理人民来访中的几点意见》，《人民日报》1953年9月3日。

② 中共中央文献研究室编：《建国以来毛泽东文稿》第17册，中央文献出版社1997年版，第79页。

负面效应。社会舆论具有强大的"软"攻击性，如果引导不好的话，就会对社会造成危害。广大群众积极参与检举、揭发的过程中，不少群众经验不足，对嫌疑人的自我辩解和拒不坦白、狡辩抵赖不能进行正确的区分，愤怒的群众便失去耐性走向极端。同时，有些坏分子和别有用心者利用群众的积极性，煽动群众，试图把水搅浑，以便转移视线、蒙混过关。群众性反腐败也为一些品德低下者，释放卑劣人性，施暴报复，诬陷栽赃，提供了机会。所以，人民群众踊跃检举监督和揭发，对腐败分子产生了强大的震慑，但也产生了一些错案冤案。

九

常抓不懈,实现政治清明

　　腐化现象没有因为"三反""五反"的胜利结束而根绝。随后,出现了党员、干部的腐败或不廉洁行为。为了巩固新中国成立初期反腐败的成果,在以后的年代里,毛泽东、党中央不间断地发动了一系列反腐败的斗争,使得共和国出现了清明政治的局面。

(一) 坚持不懈,不间断地斗争

　　第一,1953 年发动"新三反"运动。

　　1953 年的"新三反"运动,是继 1952 年"三反"运动后,所进行的又一场严肃的反腐败斗争。

　　1952 年 11 月 17 日,中共中央山东分局第二书记向明向毛泽东、党中央提交了《关于反对官僚主义、反对命令主义、反对违法乱纪的意见的报告》,列举了山东分局干部中存在的官僚主义、命令主义和违法乱纪的情况。对此,毛泽东和党中央十分重视。1953 年 1 月 5 日,中共中央发出了毛泽东亲自起草的《中共中央反对官僚主义、反对命令主义、反对违法乱纪的指示》,指出:"中央认为山东分局这样集中地暴露党政组织中极端严重地危害人民群众的坏人坏事并提出了解决问题的意见，是很好的，是完全必要的。这件事应当唤起我们各级领导机关的注意，这个问题不但是山东的，而且是全国的。"① 据报，山东省政府就积压了 7 万多件人民来信没有处理。所以，毛泽东要求全国各地从处理人民来信入手，检查一下官僚主义、命令主义和违法乱纪的情况，各级党委"在 1953 年结合整党、建党及其他工作，从处理人民来信入手，检查一次官僚主义、命令主义和违法乱纪分子的情况，并向他们展开坚决的斗争"②。

1953 年 2 月 7 日上午，毛泽东在政协一届四次会议上提出 1953 年的三件重要任务之一，就是"要在我们的各级领导机关和领导干部中开展反对官僚主义的斗争"③。由于基层组织和基层干部中存在着很严重的命令主义和违法乱纪的现象，是与领导机关和领导干部的官僚主义分不开的，所以，当天下午，安子文代表中共中央向大会作了报告，确定"新三反"运动的重点不仅仅是县级以下基层组织，而且是中央国家部委及各省市机关。④ 随后，《人民日报》发表了《贯彻毛主席的伟大号召》的社论。由此，全国性的"新三反"运动在各地迅速开展。

运动开展起来后，毛泽东像在刚刚过去的"三反""五反"运动中那样，详细指导，具体部署，连编印什么样的宣传材料，也亲自过问。1953 年 1 月 14 日，最高人民检察署党组向政法分党组并中央报告了湖南省益阳专区桃江县在镇反复查中刑讯逼供，辗转株连，造成假

---

① 中共中央文献研究室编：《建国以来重要文献选编》第 4 册，中央文献出版社 1993 年版，第 116 页。

② 毛泽东：《中共中央反对官僚主义、反对命令主义、反对违法乱纪的指示》1953 年 1 月 5 日，中共中央党史研究室编：《中国共产党历史大事记（一九一九·五———九九〇·十二）》，人民出版社 1991 年版，第 201 页。

③ 中共中央文献研究室编：《建国以来重要文献选编》第 4 册，中央文献出版社 1993 年版，第 46 页。

④ 安子文：《我们必须在全国范围内和各级机关中开展反对官僚主义、反对命令主义和反对违法乱纪的坚决斗争》，《人民日报》1953 年 2 月 10 日第 1 版。

案的严重事件,1月30日,毛泽东指示当时任政务院政治法律委员会副主任兼公安部部长的罗瑞卿,要注意收集整理编印公安局长违法乱纪事例的生动的例证,"加上一篇导言,印本小册子,发给各省县公安厅长局长阅读,并于各省召开公安局长会议时当作教材,对全国所有公安局长进行一次教育,使他们具有作为一个公安局长的起码常识,以免再有这样毫无常识的人当公安局长"①。根据毛泽东的批示,中央公安部编印了题为《反对刑讯逼供,反对违法乱纪》的小册子。

对不太重视"新三反"运动的领导干部,毛泽东严格督促,提醒他们开展"新三反"斗争。1953年2月2日,毛泽东就转发《河北省农村基层干部违法乱纪情况严重》一稿写信给新华社:"1月30日《内部参考》载《河北省农村基层干部违法乱纪情况严重》一稿,很有用处,请将此稿发给各中央局、分局、省委和市委的同志们阅看"②,提请大多数省市注意违法乱纪情况。4月11日,毛泽东借转发广东发生官僚主义、命令主义和违法乱纪严重情况的报告,提请中央部、委,中央人民政府各党组;中央局、省、地市委,要根据广东的报告加以检查,"将自己过去所发命令指示中犯有错误的部分,迅速加以纠正"。毛泽东认为,广东报告中所指各项不能容忍的坏事,或类似的坏事,除了个别事件外,是带普遍性的,几乎每省(市)都有,只是件数多少不同而已。"这些事件,很多是发源于中央人民政府的有关部门,其次就是省人民政府和专署的有关部门。而发生了这些事我们还不知道,有些甚至部长也不知道。由此可见,问题的性质是很严重的。"③ 务必迅速加以检查,在尽可能快的时间内纠正各项不能容忍的错误。3月15日,毛泽东还将第二机械工业部反官僚主义报告作为典型,要求有关部门仿效以将"新三反"运动推向深入:请黄克诚同志指导总后勤部及各大军区后勤部、志愿军后勤部、各特种兵后勤部,仿照第二机机械部办法,彻底检查仓库物资,反对官僚主义。

---

① 中共中央文献研究室编:《建国以来毛泽东文稿》第4册,中央文献出版社1990年版,第32页。

② 同上书,第35页。

③ 同上书,第193页。

请仲勋指导中央卫生部及各有物资的部门（如电影局），检查官僚主义情形。请子恢指导农林水三部检查自己的官僚主义。请一波指导财委所属其他各部仿机机〈械〉二部办法彻底检查自己的官僚主义。

第二，"三反"后继续厉行节约，反浪费反贪污。

毛泽东主张勤俭办厂，勤俭办社，勤俭持家，勤俭办一切事业。反对浪费，开展群众性的增产节约运动，在新中国成立初期是一个经常性的任务。

1953 年 2 月 12 日，薄一波在中央人民政府委员会第二十三次会议上作国家预算的报告，提出"必须加强财政监督，厉行节约，反对浪费"。他说：财政机关在任何拨款之前，都必须详细地审查其用途是否适当，不允许笼统拨出。在拨款之后，必须有系统地了解各单位是否严格遵守财政纪律，是否按照规定用途开支，有无积压浪费，并必须负责地督促他们准确地执行计划，增加生产，降低成本，消灭浪费和厉行节约，不允许一拨出就算了事。①

1953 年 8 月 28 日，中共中央发出《关于增加生产、增加收入、厉行节约、紧缩开支、平衡国家预算》的紧急通知，实施财政部提出增加财政收入，减少支出的具体办法。中共中央同意并批转了这个报告，同时发出紧急指示，号召全党、全国人民通过增加生产，增加收入，厉行节约，坚决削减军事、经济、文教、行政一切可以削减，节约行政经费，节约粮食。中共中央指示下达后，全国展开了一个群众性的增产节约运动。

1955 年 6 月 13 日，根据毛泽东、党中央的指示，李富春副总理在中央各机关、党派、团体负责工作人员等参加的报告会上，号召反浪费，厉行节约，为完成社会主义建设而奋斗，并做了具体部署。大力降低各类建筑工程的设计标准和造价。降低办公室的设备和办公开支。全国各机关、企业、学校一律停止购买沙发、地毯，各地各部门现有沙发、地毯由当地政府管理机构统一管理。会议室一律用会议桌，不

---

① 中共中央文献研究室编：《建国以来重要文献选编》第 4 册，中央文献出版社 1993 年版，第 58、61 页。

摆沙发。开会时一律不招待水果、纸烟、点心。除招待外宾外，一律不宴会、不会餐。

中央同意李富春副总理的报告，并发给各地方和各部门的党组织。中央于1955年7月4日发布了《关于厉行节约的决定》。中央决定，在全国开展一个厉行节约，反对浪费的运动，并且当成全国普遍的长期的经常的政治任务。1955年开展的厉行节约运动，对于浪费现象往往紧密相连的官僚主义、贪污受贿、假公济私、贪图个人享受等腐败现象，也是一次有力打击。

1957年2月8日政治局决定，为了缓和物资供应和财政支出的紧张局面，决定在1957年对建设的规模和速度作适当的调整，在全国范围内开展群众性的增产节约运动，"要坚决地纠正许多国家机关和企业管理机关组织庞大、人浮于事、工作松懈的现象，坚决地纠正一部分工作人员待遇过高、生活特殊、铺张浪费的现象，并且采取适当步骤，坚决地消灭在一部分工作人员中的贪污行为，借以使党和政府同人民群众的联系，进一步巩固起来"①。1958年一般停建办公楼、礼堂、招待所和疗养院等工程，尽量减少设备购置，以进一步压缩社会集团购买力。

三年自然灾害经济困难时期，为了改变市场紧张状态，除了必须增加生产外，还必须大力控制城乡消费量的增长，压缩社会购买力。1959年6月1日，中共中央在关于大力紧缩社会购买力和在群众中解释当前经济情况的紧急通知中，要求"坚决压缩公用开支，紧缩集团购买力。一切机关、部队、企业、事业单位，必须厉行节约"。坚决纠正和制止一切请客送礼、讲排场、讲阔气、铺张浪费、开会提高伙食标准等恶劣风气。在人民群众中大力开展勤俭持家、储蓄爱国的教育，暂时不十分必要的东西不要买，把钱存入银行帮助国家建设。克勤克俭，精打细算，反对贪污浪费，把更多的资金和物资投入到国家建设中去。

---

① 中共中央文献研究室编：《建国以来重要文献选编》第10册，中央文献出版社1994年版，第31页。

党和政府发动节约运动，使得新中国成立初期的中国社会，已形成了节约光荣，浪费可耻的风气，影响了整整一代人。

第三，1957—1958 年夏季的开门整风运动。

1957 年整风运动，大多数学者与反右派斗争联系起来。整风最后以反右派斗争结束，但整风运动的最早动机是为了克服党员干部的官僚主义、宗派主义和主观主义，以适应社会主义改造和社会主义建设的需要。

1956 年，是国际共产主义阵营的多事之秋。波匈事件，使得执政的中共领导人必须面对一个历史性课题：如何保证社会主义制度长治久安？如何保证共产党的执政地位不会丧失？受国际风云变幻的影响，我国的社会局势也不平静。毛泽东认为，主要问题出在共产党内，提出开展整风运动，并邀请党外人士帮助共产党整风。

在党的八大上，毛泽东就有了在全党进行一次整党的构想。1956 年 11 月党的八届二中全会，以波兰和匈牙利发生的事件为鉴戒，强调警惕和防止干部特殊化和脱离群众。毛泽东说："有些人如果活得不耐烦了，搞官僚主义，见了群众一句好话没有，就是骂人，群众有问题不去解决，那就一定被打倒。""我们准备在明年开展整风运动。整顿三风：一整主观主义，二整宗派主义，三整官僚主义。……官僚主义就包括许多东西：不接触干部和群众，不下去了解情况，不和群众同甘共苦，还有贪污、浪费，等等。"① 毛泽东、刘少奇在会上提到了要警惕干部队伍中出现"贵族阶层"的问题。

毛泽东在 1957 年 3 月 18 日的济南党员干部会议上，指出有些同志缺乏革命热情，缺乏继续革命的精神，停滞下来了：因为革命胜利了，有一部分同志，革命意志有些衰退，革命热情有些不足，全心全意为人民服务的精神少了，过去跟敌人打仗时的那种拼命精神少了，而闹地位，闹名誉，讲究吃，讲究穿，比薪水高低，争名夺利，这些东西多起来了。听说去年评级的时候，有些人闹得不像样子，痛哭流

---

① 毛泽东：《在中国共产党第八届中央委员会第二次全体会议上的讲话》，1956 年 11 月 15 日。

涕。人不是长着两只眼睛吗？两只眼睛里面有水，叫眼泪。评级评得跟他不对头的时候，就双泪长流。……一触动到他个人的利益，就双泪长流。听说还有三天不吃饭的事情。我说，三天不吃饭，没有什么要紧，一个星期不吃饭就有点危险了。总而言之，争名誉，争地位，比较薪水，比较吃穿，比较享受，这么一种思想出来了。①

1957年3月，中共中央正式发出全党开门整风的决定。3月12日，毛泽东在党的宣传会议上讲话，号召共产党员积极开展批评与自我批评，号召党外人士和人民群众自由自愿参加共产党的整风。5月1日，《人民日报》公布了中共中央《关于整风运动的指示》。这次整风运动，对于一般党员来说，主要的是要求他们懂得：为人民服务；有事和群众商量；吃苦在前，得利在后；实行批评和自我批评。对于知识分子党员，除了上述各项要求以外，还要着重要求他们联系工农群众，分清无产阶级立场和资产阶级、小资产阶级立场，克服个人主义和自由主义倾向，加强党性。全党加强同广大劳动人民的联系，彻底改变许多领导人员脱离群众的现象，进一步建立党和国家的领导工作人员的脑力劳动和体力劳动相结合的根本制度，使领导者同群众打成一片，使人民内部的关系面貌一新，使官僚主义、宗派主义、主观主义、老爷架子，大大减少。②

1957年4月27日，中共中央发出《关于整风运动的指示》。5月4日毛泽东为中共中央起草的《关于请党外人士帮助整风的指示》，真诚地邀请党外人士"展开对我党缺点错误的批判，以利于我党整风，否则对于我党整风是不利的（没有社会压力，整风不易收效）"③。

但在整风过程中，出现了意外的复杂的情况，极少数资产阶级右

---

① 《坚持艰苦奋斗，密切联系群众》1957年3月18日；1957年3月20日，中共中央文献研究室编：《毛泽东文集》第7卷，人民出版社1999年版，第284—286页。

② 中共中央宣传部办公厅、中央档案馆编研部编：《中国共产党宣传工作文献选编（1957—1992）》，学习出版社1996年版，第32、35页。

③ 中共中央文献研究室编：《建国以来重要文献选编》第10册，中央文献出版社1994年版，第246—247页。

派分子乘机向党进攻，把人民民主专政的制度说成是产生官僚主义、宗派主义和主观主义的根源。党的整风转向反击右派。邓小平说："反击这股思潮是必要的。我多次说过，那时候有的人确实杀气腾腾，想要否认共产党的领导，扭转社会主义的方向，不反击，我们就不能前进。错误在于扩大化。"① 运动的实际效果从某种程度上背离了毛泽东、党中央的初衷，也没有完全收到本来可以收到的反腐败效果。

第四，农村"反五风"和城市"五反"运动。

1958 年到 1960 年，在人民公社化运动中，干部中出现了共产风、浮夸风、命令风、对生产瞎指挥风、干部特殊风等"五风"，给农业生产和农村经济造成灾难性损失。农村干部经济混乱的情况，引起党中央的注意。1960 年 3 月 23 日，毛泽东在转发山东省六级干部会议情况简报的批语中这样写道：在一些县、社中，"共产风、浮夸风、命令风又都刮起来了。一些公社工作人员很狂妄，毫无纪律观点，敢于不得上级批准，一平二调。另外还有三风：贪污、浪费、官僚主义，又大发作，危害人民。什么叫做价值法则，等价交换，他们全不理会。所有以上这些，都是公社一级干的。范围多大，不很大，也不很小。是否有十分之一的社这样胡闹，要查清楚"② 。还指示：对于少数胡闹的人，应当分别情况，适当处理。对于那些最胡闹的，坚决撤掉，换上新人。平调方面的处理，一定要算账，全部退还，不许不退。对于大贪污犯，一定要法办。

1960 年 11 月 12 日中共湖北省委第一书记王任重就纠正"五风"问题给中南局第一书记陶铸并毛泽东的报告，随报告附送了沔阳县委 11 月 3 日的报告《沔阳县贯彻政策第一阶段的总结》和沔阳县委第一书记马杰 11 月 9 日写的《通海口公社贯彻政策后的变化》两个材料。这个材料，对于促使毛泽东、党中央下决心纠正"五风"，起到了推动作用。11 月 15 日，毛泽东批阅了这两个材料，代中共中央起草

① 《邓小平文选》第 2 卷，人民出版社 1994 年版，第 294 页。

② 中共中央文献研究室编：《建国以来毛泽东文稿》第 9 册，中央文献出版社 1996 年版，第 98—99 页。

《关于彻底纠正"五风"问题的指示》，要求"必须在几个月内下决心彻底纠正十分错误的共产风、浮夸风、命令风、干部特殊风和对生产瞎指挥风，而以纠正共产风为重点，带动其余四项歪风的纠正"。毛泽东交代纠正"五风"的办法，给以具体指导："省委自己全面彻底调查一个公社（错误严重的）使自己心中有数的方法是一个好方法。经过试点然后分批推广的方法，也是好方法。省委不明了情况是很危险的。只要情况明了，事情就好办了。一定要走群众路线，充分发动群众自己起来纠正干部的五风不正，反对恩赐观点。下决心的问题，要地、县、社三级下决心（坚强的贯彻到底的决心），首先要省委一级下决心，现在是下决心纠正错误的时候了。"①

反对"五风"，是毛泽东此时比较重视的事情。1960 年 12 月 30 日，毛泽东在中共中央工作会议上听汇报时插话，发出坚决退赔，刹住"共产风"的指示："县、社宁可把家业统统赔进去，破产也要赔。因为我们剥夺了农民，这是马列主义完全不许可的。""一定要坚决退赔，各部门、各行各业平调的东西都要坚决退赔。赔到什么都没有，公社只要有几个人、几间茅屋能办公就行。"② 毛泽东曾于 1961 年上半年亲派身边的工作人员，深入河南省鄂陵县马栏公社进行蹲点调查，认真开展反"五风"运动。

农村反"五风"运动，虽出现了一些过火行为，总体来说，有利于克服暂时经济困难，进一步密切党和群众的关系，加强党在农村的组织领导，全面调动基层干部和广大社员的工作和生产积极性。

60 年代，在城市开展了新"五反"运动。这里的"五反"运动，就是反对贪污盗窃、反对投机倒把、反对铺张浪费、反对分散主义、反对官僚主义运动。

1963 年 3 月 1 日，中共中央发出《关于厉行增产节约和反对贪污盗窃、反对投机倒把、反对铺张浪费、反对分散主义、反对官僚主义

①　中共中央文献研究室编：《建国以来毛泽东文稿》第 9 册，中央文献出版社 1996 年版，第 352 页。

②《毛泽东文集》第 8 卷，人民出版社 1999 年版，第 227 页。

运动的指示》，为并行于同时在农村开展的社会主义教育运动，也为了区别于 20 世纪 50 年代初期的"五反"运动，再加上，这次运动主要在城市中进行，所以，称为城市"五反"运动。根据党中央部署，运动只在县（团）级以上的党政军民机关、国营和合作社经营企业、事业单位、物质管理部门、文教部门（不包括县以下中小学校）中进行。运动分为三个阶段，第一阶段，先把增产节约运动切实地深入地开展起来；第二阶段，结合增产节约，反对铺张浪费，整顿制度；第三阶段，结合增产节约和整顿制度，大张旗鼓地开展群众性的反对贪污盗窃和投机倒把的运动。该运动经历两年多的时间，很多地方和部门发扬了艰苦朴素、勤俭节约的革命传统。铺张浪费、多吃多占、请客送礼的风气开始刹住，干部不合理的待遇开始取消，与群众的关系更加密切了。广大干部和群众得到锻炼和教育，勤俭建国、爱护公共财产的觉悟大为提高，有力地打击贪污腐化分子，进一步克服了官僚主义和分散主义，对于加强经营管理巩固国营集体经济，促进生产的发展，起到了一定的积极作用。

第五，"四清"运动。

1963 年至 1966 年 5 月间，全国城乡开展了一场普遍的社会主义教育运动。运动的内容，一开始在农村中是"清工分，清账目，清仓库和清财物"，后期在城乡中表现为"清思想，清政治，清组织和清经济"。1962 年中共八届十中全会强调阶级斗争以后，随着中共与苏共之间围绕国际共产主义运动的辩论进入高潮。中共中央发表了《关于国际共产主义运动总路线》文章，又连续发表九篇评论文章。毛泽东主席和中共中央从苏联产生修正主义和复辟资本主义的历史教训中，对中国是否发生修正主义，是否复辟资本主义，有着严重担心。就提出了要在农村开展"四清"运动，要从中国农村最基层开始，防止产生资产阶级分子和修正主义分子篡夺各级领导权。这当时是毛泽东心目中头等重要的大事。

这场运动具有反腐倡廉的意义。

1963 年，毛泽东推荐批印了《中共湖南省委关于社会主义教育运动情况的报告》和《中共河北省委关于在农村贯彻党的八届十中全会决议、开展整风整社运动情况的报告》，并要求与会同志认真研究。

1963 年 5 月中共中央通过了《中共中央关于目前农村工作中若干问题的决定（草案）》。这个（决定《草案》），成为全国农村社会主义教育运动的指导文件。1963 年 9 月中共中央通过了《关于农村社会主义教育运动中的一些具体政策问题》，前一个文件有十条规定，称为"前十条"，后一个文件也是十条规定，称为"后十条"。11 月，中共中央政治局会议通过了"后十条"，将文件标题改为《中共中央关于农村社会主义教育运动中的一些具体政策问题的规定（草案）》。

刘少奇受中央委托主要负责抓"四清"运动。1964 年 8 月 1 日，刘少奇召集在京党政军机关和群众团体负责干部的大会，就农村社教运动发表长篇讲话。他讲话的资料，主要依据王光美的"桃园经验"（王光美在 1963 年 11 月至 1964 年 4 月间带领工作队在河北省抚宁县卢王宕公社桃园大队蹲点开展"四清"运动，总结出来的经验。她在中央一些机关和一些省委机关作过报告，整理出来的文字报告被概括为"桃园经验"。中央曾发文肯定）。谈到"后十条"中提出的团结两个百分之九十五的问题，刘少奇说："第二个十条上有这么一句话，说团结百分之九十五的基层干部是团结百分之九十五的群众的前提。这句话讲得不对，讲反了。应当是，团结百分之九十五的群众是团结百分之九十五的干部的前提。"

1964 年 8 月，中央成立"四清""五反"指挥部，由刘少奇挂帅。刘少奇对"后十条"有意见，毛泽东同意由他来主持修改"后十条"。修改人员根据刘少奇有关社教运动的一系列讲话以及他对"后十条"的意见进行了修改，同"后十条"草案相比，修正草案稿沿着阶级斗争扩大化的轨道又向前进了一步。文件对农村阶级斗争形势作了更加严重的估计，对基层政权的问题看得十分严重，提出了"反革命的两面政权"的概念。从这种错误的估计出发，改变了原先依靠基层组织和基层干部的做法，改由工作队领导整个运动，把广大基层干部从运动领导中撇开。

1964 年 11 月，农村"四清"运动开始在全国各省有重点地开展起来。

1964年12月，中央召开工作会议，集中讨论城乡社会主义教育问题。在这次会议上，毛泽东与刘少奇有关社教运动的方针、方法的意见发生了分歧。关于"四清"的内容，过去说是清财务、清仓库、清工分、清账目，那只是清经济，今后应改为清政治、清经济、清思想、清组织。关于"四清"的性质，刘少奇提出"四清"和"四不清"的矛盾，提出党内外矛盾的交叉，毛泽东认为是社会主义与资本主义的矛盾。关于农村干部的分析，毛泽东等人主张对农村干部打击面不要太宽了，不要树敌太多，"把那些贪污几十块钱、一百块钱、一百几十块钱的大多数'四不清'干部先解放，我们的群众就多了。把贪污一百块钱到一百五十块钱的解放出来，就解放了百分之八十"。他主张紧盯当权派。1965年1月中旬，中共中央政治局常委通过了《农村社会主义教育运动中目前提出的一些问题》，即"二十三条"。"二十三条"里，除了形势和社教运动的性质的表述外，还取消了"扎根串连"的提法，强调工作队必须依靠群众大多数，依靠干部大多数（包括放了包袱的干部），实行群众、干部、工作队"三结合"；在运动中不要冷冷清清，不要神秘化，不要只在少数人当中活动；工作中有什么偏向，就纠正什么偏向；运动不是靠人海战术，不要在一个县、社、队，集中人数过多的工作队；强调没有调查就没有发言权，"过去我们党采用的开调查会等行之有效的调查研究方法，应当继续采用"。"二十三条"还提出，对于犯轻微"四不清"错误的，或者问题虽多但交代好的，要尽可能早一点解放出来；问题不严重，检讨又较好，经群众同意，经济退赔可以减、缓、免，同时提出了"重点是整党内那些走资本主义道路的当权派"的基本原则。

　　"四清"运动存在阶级斗争扩大化的错误，普遍地扩大了打击面，许多干部和群众受到不应有的打击和错误处理，伤害了一批基层干部和群众。但没有发展到全局性"左"的错误，对于纠正一些基层干部多吃占、特殊化、强迫命令、欺压群众等不良作风，对于改进一些社、队的经营管理，特别是财务管理，有积极作用，打击了贪污盗窃、以权谋私的活动。干部坚持参加劳动，有利于整顿干部作风，与群众保持密切的联系。"文化大革命"开始后，"四清"运动事实上不了了之。

（二）开创了政治清明的伟大时代

可以认定，自从1952年10月结束"三反""五反"运动后，又经过毛泽东和党中央发动的一系列反腐败的斗争，腐败频度已经大大降低。

第一，1952年以后的腐败，仅仅是在特定层级、特定层面发生的，并没有出现各个层级干部普遍发生严重腐败的现象。

应当承认，经过1951—1952年的大规模的"三反""五反"运动，干部队伍比以往廉洁了，腐化现象有所遏制。1955年11月毛泽东在修改《中共中央关于资本主义工商业改造问题的决议》①时，认为，"在三反五反以后，党内在这个问题（指资产阶级分子腐蚀我们和我们反对资产阶级分子对于我们的腐蚀的斗争——引者注）上明显的右的偏向已经不是一个主要的偏向，被腐蚀的事情是存在着，但不是很多的"②。1950年12月29日，中共中央批转了安子文关于整党和建党的报告，报告中说，"事实上，老区农村党员干部中的贪污、浪费及官僚主义现象，虽然是普遍的，但并不是很严重的"③。还具体举例说明，河北省九十四个农村支部"三反"整党实验的结果，干部贪污多系占小便宜、公私不分，性质并不严重，其中有些村庄建立正规的财政制度后，就再没有发生贪污现象④。1963年3月1日，中共中央在发动城市"五反"时，对1952年的"三反""五反"运动成效有

---

① 该文件曾经在1956年11月16日至24日中央政治局召集的各省委、自治区党委和市委的代表参加的会议上，进行讨论，作为草案通过。1956年2月24日，中央政治局会议修改后，追认为正式文件。

② 中共中央文献研究室编：《建国以来毛泽东文稿》第5册，中央文献出版社1991年版，第442页。

③ 参见中共中央文献研究室编《建国以来重要文献选编》第3册，中央文献出版社1992年版，第438—439页。

④ 同上。

这样的评价："1952 年在全国范围内进行的'三反''五反'运动，打退了资产阶级的猖狂进攻，提高了党员、干部和职工群众的阶级觉悟……那是一次成功的意义十分重大的社会主义革命斗争。"① 这个评价是中肯的，肯定了"三反""五反"运动成功地遏止了那时的高频腐败。

1952 年"三反""五反"运动以后，带有巩固"三反""五反"斗争成果的意义，有不少属于专项治理的性质，如发动"新三反"运动时，毛泽东、党中央对当时的腐败频度的评价是："我党在三反中基本上解决了中央、大行政区、省市和专区四级许多工作人员中的贪污和浪费两大问题，也基本上解决了许多领导者和被领导的机关人员相脱离的这一部分官僚主义的问题。"而在"县区乡三级干部中存在着许多命令主义和违法乱纪的坏人坏事"②。所以，要求从处理人民来信入手，检查官僚主义、命令主义和违法乱纪分子的情况。1955 年的厉行节约运动，主要任务是在经济管理部门反浪费。1960 年正式开始的纠正"五风"运动，主要针对的农村基层干部中的共产风、浮夸风、命令风、干部特殊风、对生产瞎指挥风。

第二，查阅 20 世纪五六十年代的文件时，常常看到有关当时的腐败频度"严重"，农村地方基层干部违法乱纪问题"十分突出"等论断，但不能由此认为那时客观上的腐败频度已经很高了。

乡村一级干部收入并不高，相当多的干部经济状况并不富裕。一些农村基层干部往往利用手中的权力为自己获得更多的生活用品，这就是多吃多占；有的还挪用少量的公款、加工私活、贩卖农产品、参与市场交易；职工上班时间干私活，偷拿偷占现象也不少见。这些现象，可以算作干部的不廉洁行为或社会不正之风，最多算作轻微的腐败行为，算不上严重的大面积的腐败现象。

在 20 世纪五六十年代，我国实行低工资、低福利的政策，农村基

① 中共中央纪委纪检监察研究所编：《中国共产党反腐倡廉文件选编》，中央文献出版社 2002 年版，第 68—69 页。

② 中共中央文献研究室编：《建国以来毛泽东文稿》第 4 册，中央文献出版社 1990 年版，第 8 页。

层干部的工资并不高。1961 年 11 月 29 日，内务部政府机关人事局的报告说：基层干部工资低，生活费用高，经济困难的人比以前多了。报告引用了基层干部的来信，四川省金堂县手工业管理局一位工作人员的来信说："公社干部很多人每月工资二十几元，不够养活自己；结了婚，生了娃，就更成问题。"河北一干部在来信中具体写道："社干部多数家里有三四口人，每天全家吃 4—6 斤菜（白菜、菠菜、茄子每斤 0.1—0.5 元），烧 5 斤煤（每斤 0.1 元），用一担水（每担 0.15 元），加上买粮食、买生活用品、交房租等等，往紧里打，每天得两元钱，每月须 60 元左右。可是一般公社干部工资水平都很低：月领工资 40 元以上的占 25%，35—40 元的占 30%，30—35 元的占 30%，30 元以下的占 15%。"① 不少干部多年没有提工资，有的职务提高了，但工资长期没有提高，在生活上存在困难，收入不够支出，难以维持当地人民的一般生活水平。

湖南省新田县的一个农村基层干部向中央和毛泽东报告了一个关于干部职工是生活情况的具体材料，"当前干部职工（包括小学教员和工人）的生活问题，据我县 40 个单位（有部分公社机关厂矿）最近的初步了解，1141 个干部中，家庭确实有困难的就有 650 人，占总干部数的 56.6%；共计欠债达 50682 元"，欠 50 元以下到 221 人，欠 300 元以上的 3 人。欠债干部一般都是收入少、负担大，有的患些病灾。为了还债，61 名干部卖了自己的衣物、家具、粮食或者自己的家禽。由于具体生活困难难以解决，有 58 名干部要求回家，相当一部分干部自由离职了。坚持工作的也没有工作热情，有的甚至夜夜失眠。

第三，城市里的干部也没有出现大规模大面积的腐败现象。

1963 年 11 月 8 日中央监委提交了《关于"五反"运动中对贪污盗窃、投机倒把问题的处理意见的报告》（以下简称《报告》），这是一个总结性的报告。1964 年 1 月 2 日，中央批转了这个《报告》。《报

---

①　中国社会科学院、中央档案馆编：《1958—1965 年中华人民共和国经济档案资料选编　综合卷》，中国财政经济出版社 2011 年版，第 773 页。

告》表明，此时的腐败频度处于较低状态。《报告》认为，这次"五反"运动再次证明，我们大多数党员、干部和职工都是好的。他们经受住了过去几年严重灾荒和经济困难的考验，"一贯地艰苦朴素，廉洁奉公，在'两反'中立场坚定，斗志昂扬，表现出无产阶级的优秀品质和高度的社会主义觉悟。有一部分人虽然沾染了一些资产阶级的灰尘，经过教育，也很快地提高了党悟"，有贪污盗窃、投机倒把行为的人，"占参加运动总人数的比例，一般约占百分之四左右，高的达百分之十几，低的占百分之一、二"①。那时，涉及金额是 1000 元以上的，"一般应当开除党籍"，即使达到了 1000 元以上，"个别表现好的，也可以不开除党籍"。只有到了 5000 元以上，才"一律开除党籍"。中央监委对开展"两反"（反贪污盗窃、反投机倒把——笔者注）斗争的 1800 多个单位的作了调查统计，结果是：在参加运动的 41 万人中，清查出 1.51 万名有贪污盗窃、投机倒把行为的人，占参加运动总人数的百分之三点六三，但大部分涉及金额较小，300 元以下的，占犯错误总人数的百分之七十九点八；300 元以上、1000 元以下的，占犯错误总人数的百分之十五点三九；1000 元以上的，占犯错误总人数的百分之四点九五。《报告》没有列出涉及金额在 5000 元以上的。②

1963 年 2 月 15 日，中央清仓核资领导小组有一个工作报告，认为：这次清查，"揭露出的违法乱纪问题之多、情况之严重，是令人吃惊的"。提到广东省九佛农场的党委书记社会极端特殊化，"吃鸡蛋只吃白不吃黄，鱼不经油炸不吃，并只吃中段不吃头尾"。《报告》认为，这给国家造成极大的经济损失，造成恶劣的政治影响。当然，大吃大喝不是小事情，但是，这个事例，鸡蛋和鱼的吃法问题，定性为"令人吃惊"的违法乱纪行为。反衬出那时群众对腐化的容忍度极低，社会已相当廉洁了。

---

① 中共中央纪委纪检监察研究所编：《中国共产党反腐倡廉文件选编》，中央文献出版社 2002 年版，第 86—87 页。

② 同上书，第 90—91 页。

第四，20 世纪五六十年代，形成了良好的党风和社会风气，说明那时的腐败频度处于低频状态。

可以说，毛泽东不断发动的反腐败斗争，是共和国历史上反腐败的成功实践，高频腐败得到遏制，出现了良好的社会风气，涌现出了一大批党的优秀干部、模范党员，其中有焦裕禄、雷锋、王杰、欧阳海等。党风与社会风气是相互影响的，良好的党风带来了良好的社会风气，而良好的社会风气又进一步促进了良好党风的形成。

20 世纪 60 年代以来，有一句令全中国人耳熟能详的毛泽东题词："向雷锋同志学习！"那么，雷锋当年学习的是什么人？今天的人们在《雷锋日记》中发现，雷锋学习的是我党的优秀干部。雷锋入伍前在县政府当公务员，那时的干部非常注意与群众心连心。雷锋跟着县委书记张光玉下乡。张书记看到老乡耕地，常常是鞋子一脱就下田，一边手扶犁，一边与老乡聊天，使得人们分不清谁是县委书记，谁是老乡。有一次，张书记发现一位老农家里穷得揭不开锅，马上掏出个人的 20 元钱递给老农，让他买几头猪饲养，尽快过上好日子。雷锋之所以成为共产主义的好战士，当然与他个人的努力分不开，更与他那个时代的社会风气和党的优良传统密切相关，与那些品德高尚的直接领导做楷模密切相关。雷锋能够将省下来的工资寄给灾区的灾民，而不留姓名；出差一千里，好事做了一火车；永做革命的螺丝钉。我们从雷锋后来的事迹中看到了张书记的影子。正是以张书记这样的优秀干部，影响、感染了雷锋。①

那时的良好社会风气、党风，受到了国际社会的广泛赞叹。20 世纪 60 年代初期，访问中国的外国人，十分惊奇中国人民道德高尚。1964 年 10 月 15 日到 11 月 16 日，加拿大《领袖邮报》连载随该国农业代表团访问中国的伊恩·比克利的报道，提到"加拿大代表团得出一个结论，中国人民是可以信赖的诚实的。在大多数地方，旅馆房间

---

① 参见林兴亮《从雷锋当初学的是领导说起》，载中共吉林省纪律检查委员会、吉林省监察厅主办《浪淘沙》2002 年第 7 期，第 46 页。

的门是不锁的，并且不会丢失任何东西"。"在许多地方，商店晚上不锁门。"① 英国记者安·麦克弗森在1964年5月13日的英国《每日邮报》上，发表题为《中国准备欢迎旅行家》的访华观感，说中国"旅馆侍者认为给小费是侮辱。我故意丢弃一条毛巾，这条毛巾是我在赴中国以前从卡拉奇一家旅馆借来的。但是每当我离开中国旅馆的时候，它总是湿漉漉地、害羞似的重新出现了。最后我没有办法，只好把它送回巴基斯坦"。1964年3月22日，香港《大公报》，译载了日本法学家渡边洋三在日本《世界》月刊4月号上的访华观感，说"我们访遍中国，到处感到近七亿中国人的团结一致，政府和人民的团结一致"。"法院审判案件很少"，因为"犯罪数字逐年减少"。"这种治安良好现象对外国旅客说来省却多少精力。在旅馆里，旅客的物件不必去担心，你忘记了的东西，总是会物归原主。有一次我在北京旅店的盥洗室中，将日本带来用剩下的一卷手纸放在那里准备不要了，后来旅馆人员当我忘记此物又将它送还给我。"② 类似的例证很多。在中国，大部分60岁左右的人们的记忆中，那个时代的物质条件比较艰苦，但留在他们记忆中的决不仅仅是这些，拾金不昧、助人为乐、路不拾遗、夜不闭户是他们对那个时代的良好社会风气的深深感触。

第五，良好的党风和社会风气获得中国共产党的第二、第三代领导集体的高度评价。

20世纪70年代末期，邓小平明确地表示，要恢复优良革命传统。1979年11月8日，邓小平在中央党政军机关副部长以上干部会议上讲到中央和国务院下发的《关于高级干部生活待遇的若干规定》时说：此时当作目标需要努力才能达到的这些规定，"基本上是重申文化大革命，以前的一些有关规定，没有很多的新章程，有的比那个时候还放宽了一点"。在住房房租方面，"文化大革命以前也是这样办

---

① 方华、史册主编：《参考的启示》第4卷，陕西师范大学出版社1999年版，第175页。

② 同上书，第103—105、109页。

的，我们都交了"。"现在，基本上还是把我们的老章程恢复起来，没有更多新的苛刻的规定。"①

11月26日，在对外宾说："你们如果是50年代、60年代初来，可以看到中国的社会风尚是好的。在艰难的时候，人们都很守纪律，照顾大局，把个人利益放在集体利益当中，放在国家利益、社会利益当中，自觉地同国家一道来渡过困难。"②

邓小平说到的"艰难的时候"，指的是三年经济困难时期。为渡过难关，中共中央决定下放两千万职工，关闭一些企业。"那个时候为什么能这样做？那一次调整国民经济进行得比较顺利，是什么原因呢？就是因为党和群众的关系密切，党的威信比较高，把困难摆在人民面前，对群众讲道理，做了大量的工作。单单两千万人下放这一件事情，就不容易呀。如果党和政府没有很高的威信是办不到的。另外，那个时候整个风气也不同，我们的干部比较接近群众，所以能够很快渡过困难。"③ 他的言论表明，20世纪50年代末60年代初干部与群众关系密切，党风和社会风气良好，腐败程度是相当低的。

第三代领导集体对50年代的政治清明，也深有感触。1993年8月21日，江泽民在中央纪委第二次全体会议上说："建国以后，我们党在扫除旧社会的污泥浊水、保持党和国家机关清正廉洁方面，取得了举世公认的成就。"④ 2000年12月26日，江泽民在中纪委第五次全体会议上的讲话中说：新中国成立后，"为了防止发生腐败行为，我们党做出了很大的努力。总的说来，那时广大党员、干部是清廉和比较

---

① 《邓小平文选》第2卷，人民出版社1994年版，第215—216页。

② 同上书，第233页。1989年9月4日，他说："五十年代，广大党员和人民讲理想，讲纪律，讲为人民服务，爱党，爱国家，爱社会主义，这样的社会风气和道德面貌不是很好吗？"（《邓小平文选》第3卷，人民出版社1993年版，第318页。）

③ 同上书，第217页。

④ 江泽民：《加强反腐败斗争，推进党风建设和廉政建设》1993年8月21日，中共中央文献研究室编：《论党的建设》，中央文献出版社2001年版，第102页。

清廉的"①。以至于"不少同志很留恋建国初期以至革命战争年代的生活，留恋那个时候同志之间的关系和艰苦朴素的作风"②。

我们并不认为，毛泽东、党中央在新中国成立初期已经将腐败现象消灭殆尽。但是，经过不间断的反腐败斗争，到20世纪50年代中后期，特别是60年代中期，腐败频度已经相当低了，大规模的腐败基本得到遏制。我们不否认那时干部按级别享受特定的待遇，在衣食住行方面较一般人优越，但我们不能夸大这种优越。可以肯定的是，毛泽东、共产党创造了世界历史上少有的政治清明时代。

---

① 江泽民：《论"三个代表"》，中央文献出版社2001年版，第104页。

② 江泽民：《大力发扬艰苦奋斗的精神》1997年1月29日，中共中央文献研究室编：《论党的建设》，中央文献出版社2001年版，第234页。

参考书目

《马克思恩格斯选集》第 3 卷，人民出版社 1995 年版。

《马克思恩格斯全集》第 1 卷，人民出版社 1995 年版。

《马克思恩格斯全集》第 25 卷，人民出版社 2001 年版。

《列宁选集》第 1—4 卷，人民出版社 1995 年版。

《列宁文稿》第 4 卷，人民出版社 1978 年版。

《列宁全集》第 3、4、31、32、33、34、35、37、39、41、43、46、
 51、52、55 卷，人民出版社中文第 2 版。

《毛泽东选集》第 1—4 卷，人民出版社 1991 年版。

《毛泽东、邓小平、江泽民论干部监督》，人民出版社 2000 年版。

《毛泽东军事文集》第 2 卷，军事科学出版社、中央文献出版社 1993
 年版。

中共中央文献研究室编：《毛泽东著作专题摘编》上、下，中央文献
 出版社 2003 年版。

中共中央文献研究室编：《毛泽东文集》第 6、7、8 卷，人民出版社
 1999 年版。

中共中央文献研究室编：《建国以来毛泽东文稿》第 1—4 卷，中央文
 献出版社 1987—1990 年版。

《刘少奇选集》上卷，人民出版社 1981 年版。

《刘少奇选集》下卷，人民出版社 1985 年版。

《刘少奇论党的建设》，中央文献出版社 1991 年版。

中共中央文献研究室编：《建国以来刘少奇文稿》第 1—7 册，中央文献出版社 2005—2008 年版。

《周恩来选集》下卷，人民出版社 1984 年版。

《邓小平文选》第 1—3 卷，人民出版社 1994 年版。

《邓小平西南工作文集》，中央文献出版社、重庆出版社 2006 年版。

《陈云文选（1949—1956）》，人民出版社 1984 年版。

《陈云文集》共 3 卷，中央文献出版社 2005 年版。

《江泽民文选》共 3 卷，人民出版社 2006 年版。

薄一波：《若干重大决策与事件的回顾》上卷，中共中央党校出版社 1991 年版。

薄一波：《若干重大决策与事件的回顾》下卷，中共中央党校出版社 1993 年版。

《宋平论党的建设文选》，中央文献出版社 2000 年版。

《习仲勋文选》，中央文献出版社 1995 年版。

中共中央文献研究室编：《毛泽东传（1949—1976）》，中央文献出版社 2006 年版。

中共中央文献研究室编：《关于建国以来党的若干历史问题的决议注释本》，人民出版社 1983 年版。

《北京市重要文献选编》第 2—11 册，中国档案出版社 2001 年版。

本书编写组：《中央纪委中央监委工作纪实》，方正出版社 1995 年版。

陈明远：《知识分子与人民币时代》，文汇出版社 2006 年版。

窦效民主编：《中国共产党廉政建设史纲》，河南大学出版社 1997 年版。

郭德宏、林小波：《四清运动实录》，浙江人民出版社 2005 年版。

高路主编：《共和国元帅风范记事》，人民出版社 1990 年版。

胡绳：《马克思主义与改革开放》，中国社会科学出版社 2000 年版。

何永红：《"五反"运动研究》，中共党史出版社 2006 年版。

胡乔木：《胡乔木文集》第 3 卷，人民出版社 1994 年版。

黄修荣、刘宋斌：《中国共产党廉政反腐史记》，中国方正出版社 1997
    年版 。

黄炎培：《八十年来》，文史资料出版社 1982 年版。

李新：《流逝的岁月——李新回忆录》，山西出版集团、山西人民出版
    社 2008 年版。

李雪勤、李雪慧主编：《新中国反腐败大事纪要》，南开大学出版社 1999
    年版。

林尚立：《当代中国政治形态研究》，天津人民出版社 2000 年版。

梁柱、周鸿等编：《历史智慧的启迪——中华人民共和国若干历史经
    验研究》，北京大学出版社 1999 年版。

马社香：《前奏——毛泽东 1965 年重上井冈山》，当代中国出版社 2006
    年版。

吴承明等主编：《中华人民共和国经济史》第 1 卷，中国财政经济出
    版社 2001 年版。

王凡、东平：《红墙医生：我亲历的中南海往事》，作家出版社 2006
    年版。

王关兴、陈挥：《中国共产党反腐倡廉史》，上海人民出版社 2001 年版。

吴传煌、刘录开主编：《中国共产党廉政建设史》，甘肃人民出版社
    1992 年版。

徐颂陶等主编：《中国工资保险福利政策法规全书》，北京中国人事出
    版社 1992 年版。

肖伟俐：《家风》，新华出版社 2006 年版。

杨永华：《中国共产党廉法制史研究》，人民出版社 2005 年版。

中共中央党史研究室著，胡绳主编：《中国共产党的七十年》，中共党
    史出版社 2005 年版。

中国民族同盟总部宣传委员会编印：《增产节约——反贪污、反浪费、
    反官僚主义宣传学习资料》，中国民族同盟总部宣传委员会出版编
    辑 1952 年版。

中国社会科学院、中央档案馆编：《1949—1952 中华人民共和国经济
    档案资料选编·财政卷》，经济管理出版社 1995 年版。

中共中央党校党中教研室选编：《中共党中教学参考资料》，国防大学编（无出版年限）。

中共上海市委统战部、中共上海市委党史研究室、上海市档案馆编：《中国资本主义工商业的改造》（上海卷，下），中共党史出版社1993年版。

中央档案馆编：《中共中央文件选集》第17册，中共中央党校出版社1992年版。

周秉德：《我的伯父周恩来》，辽宁人民出版社2000年版。

中共江苏省党史工作办公室、江苏省档案馆编：《"三反"、"五反"运动（江苏卷)》，中共党史出版社2003年版。

钟澍钦主编：《新中国反贪污贿赂理论与实践》，中国检察出版社1995年版。

中共中央纪委纪检监察研究所编：《中国共产党反腐倡廉文献选编》，中央文献出版社2002年版。

《人民日报》，1949—1976年。

《新华日报》，1952—1966年。

《东北日报》，1952—1956年。

中共中央宣传部：《学习》杂志，1952—1953年。

新华通讯社编：《新华社新闻稿》，1951—1953年。

华东军政委员会办公厅编：《华东政报》，1951—1953年。

上海市人民政府办公厅编：《市政公报》，1952年。

民革中央：《民革丛刊》，1952年。

中国民主同盟编：《北京盟迅》，1952年。

中央人民政府财政部编：《中央财政公报》，1952年。

东北人民政府工业部编：《东北工业》，1951—1953年。

重庆市工商业联合会：《重庆工商》，1952年。

上海工商业联合会：《上海工商资料》，1951—1953年。